死に至る病

キェルケゴール著
斎藤信治訳

岩波書店

Kierkegaard

SYGDOMMEN TIL DODEN

1849

目　次

序 …… 一一
緒　論 …… 一五
第一編　死に至る病とは絶望のことである。 …… 二三
一　絶望が死に至る病であるということ。 …… 二三
A、絶望は精神における病すなわち自己における病であり、そこでそこに三様の場合が考えられうる。——絶望して、自己をもっていることを意識していない場合（非本来的な絶望）。絶望して、自己自身であろうと欲しない場合。絶望して、自己自身であろうと欲する場合。 …… 二三
B、絶望の可能性と現実性。 …… 二五
C、絶望は「死に至る病」である。 …… 三一
二　この病（絶望）の普遍性。 …… 四〇

三　この病(絶望)の諸形態。……………………五三
A、絶望が意識されているかいないかという点を問題とせずに考察せられた場合の絶望。したがってここでは綜合の諸契機のみが問題となる。……………………五四
a、有限性と無限性との規定のもとに見られたる絶望。……………………五四
α、無限性の絶望は有限性の欠乏に存する。……………………五六
β、有限性の絶望は無限性の欠乏に存する。……………………六三
b、可能性と必然性の規定のもとに見られたる絶望。……………………六七
α、可能性の絶望は必然性の欠乏に存する。……………………六七
β、必然性の絶望は可能性の欠乏に存する。……………………七三
B、意識という規定のもとに見られたる絶望。……………………八一
a、自分が絶望の状態にあることを知らないでいる絶望。換言すれば自分が自己というものを、しかも永遠的な自己というものを、もっているということに関する絶望的な無知。……………………八二
b、自分が絶望の状態にあることを知っている絶望。それでここ

ではひとは自分が自己(したがってまた或る永遠的なるもの)をもっていることを意識している、そして絶望して自己自身であろうと欲しないか絶望して自己自身であろうと欲するかのいずれかである。……九二
α、絶望して自己自身であろうと欲しない場合――弱さの絶望。……九六
1、地上的なるものないし地上的なる或る物に関する絶望。……一〇〇
2、永遠的なるものについての絶望ないしは自己自身に関する絶望。……一一一
β、絶望して自己自身であろうと欲する絶望――強情。……一三五
第二編　絶望は罪である。……一四三
A、絶望は罪である。……一四四
第一章　自己意識の諸段階(「神の前に」という規定のもとにおける)。……一五八
附論　罪の定義が躓きの可能性を含んでいるということ。躓きに関する一般的考察。……一六六

第二章　罪のソクラテス的定義。……一七六
第三章　罪は消極性ではなしに積極性であるということ。……一九五
Aの附論　けれどもそれでは罪は或る意味では非常に稀なことにならないであろうか？（倫理）……二〇三
B、罪の継続。……二一一
a、自己の罪に関して絶望する罪。……二二〇
b、罪の宥しについて絶望する罪（躓き）。……二二八
c、キリスト教を積極的に廃棄し、それを虚偽なりと説く罪。……二五三
訳　註……二六九
解　説……二七九

死に至る病

教化と覚醒とを目的とする一つのキリスト教的＝心理学的論述、
アンティ＝クリマックス[1]著、セーレン・キェルケゴール編。

コペンハーゲン　一八四九年

主よ！　無益なる事物に対しては
我等の眼を霞ましめ、汝の凡《あら》ゆる
真理に関しては我等の眼を隈なく
澄ませ給え。

序

本書の「論述」の形式は多くの人には奇妙に思われるかもしれない、——それは教化的でありうるためにはあまりに厳密であり、厳密に学問的でありうるためにはあまりに教化的である。この後の点については私は何もいうべき言葉を持たぬが、前の点に関しては私は違った意見である。だが本書の論述がもし本当にあまりに厳密すぎて教化的ではないとしたら、それは私の眼から見れば失敗であることになる。もっとも誰もが本書の論述についてくるだけの諸前提を持ち合わしているわけでもない故に、おそらく本書は誰に対しても教化的であるというわけにはいかないかもしれない、だからといってそれはまたそれなりに教化的でありえないとも限るまい。一体キリスト教的にいうならば一切は、それこそ一切が教化に役立つべきである。[2] 結局において教化的でないような学問性は、まさしくそのことの故に非キリスト教的なのである。キリスト教的なるものの一切の叙述は医者の臨床《りんしょう》講義に似たものを持っていなければならない、——ただ医学に通じたもののみがこの講義を理解しうるにしても、講義が患者のベッドの側で行われているのであることを忘れてはならない。キリスト教的なるものの人生に対するこのような関係は（学問による人生からの高踏的な背離とは反対に）、換言すればキリスト教的なるもののこのような倫理的側面は、まさしく教化的なるものである。教化的な叙述の仕方は、それがその他の点ではいかに厳密であろうとも、かの種の「冷静」な学問性とは全然、質的に、異なっている。キリスト教的にいうと学問の超然たる英雄的精神なるものは、英雄的精神であるどころかむしろキリスト教的には非人間的な好奇心の一種でしかない。キリスト教的な英雄的精神（おそらくこれはごく稀《まれ》にしか見出されないものであるが）とは、人間が全く彼自身であろうとあえてすること、一人の個体的な人間、この特定の個体的な人間であろうとあえてすることである、――かかる巨大な努力をひとりでなし、またかかる巨大な責任をひとりで担いながら、神の前にただひとりで立つことである。「純粋」な人間のふうをしたり、世界史の運行に関してお託宣を並べたりするのは決してキリスト教的な意味での英雄的精神ではない(3)。キリスト教的な認識は、その形式がどのように厳密であろうとも、すべて配慮でなければならない、――これこそまさに教化的なるものである。配慮とは人生に対するすなわち人間的な現実に対する関係であり、したがって（キリスト教的には）真剣ということである。冷静な知識の超然性は（キリスト教的には）より高次の真剣さであるどころか、それは（キリスト教的には）戯言と虚栄とを意味するにすぎない。真剣ということがまた教化的なるものである。

それ故にこの小さな書物は或《あ》る意味では神学校の生徒にでも書けるような種類のものであるが、しかしおそらくまた他の意味ではどの大学の先生にも書けると限ったものではない。

とにかくこの論文が見られる通りの体裁をもっているのはいろいろ考えての上のことなので、それにまたこの方が心理学的にも正しいのである。世間にはもっと儀式ばった様式もあるが、それは時とするとあまりに儀式ばりすぎて結局何のことやらわけがわからなかったり、また人々がそれに慣れすぎてしまう結果一向無意味なものになったりしがちのものである。

最後にこれは無論特に断るまでもないことではあるが、そのよけいなことをひとついわして頂きたい、――というのは本書の標題にもあるように、絶望は本書全体を通じて病として理解されているので、薬として理解されているのではないということをここではっきりと注意しておきたいのである。絶望はそれほど弁証法的なものなのである。同じように死もまたキリスト教の用語では精神的な悲惨の絶頂を示す言葉なのであるが、しかも救済はまさに死ぬことにおいて、往生において、成立するのである。

一八四八年。

緒　論

「この病は死に至らず」(ヨハネ伝十一・四)。それにもかかわらずラザロは死んだ。キリストの弟子達が、「われらの友ラザロ眠れり、されど我よび起さんために往くなり」というキリストのその後の言葉の真意を理解しなかったときに、キリストは弟子達に直截《ちょくさい》にこう語った、――「ラザロは死にたり」(十一・一四)。かくてラザロは死んだ、にもかかわらずこの病は死に至らなかったのである。ラザロは死んでしまった、にもかかわらずこの病は死に至っていない。もっとも我等はキリストがそのとき当時の人々に「もし信ぜば神の栄光を見せしむ」べきはずであった(十一・四〇)奇蹟のことを考えておられたことを知っている。キリストがラザロを死人の中から甦《よみがえ》らしめたあの奇蹟、――かくて「この病」はただに死に至らなかったのみではなく、キリストが予言したように、神の子がそれによって栄光を受け神の栄光が顕《あら》わされるに至った(十一・四)かの奇蹟のことをキリストは考えておられたのである。おお、されど、もしキリストがラザロを甦らしめなかったとしても、この病が、いな死そのものさえもが、死に至るべきものでなかったということは同様に真ではないであろうか？　キリストが墓の側に歩み寄って声高に「ラザロよ、出で来たれ」と呼ばわるとき（十一・四三）、「この」病は死に至るべきものでないことは無論十分に確かである。だがもしキリストがそういわなかったとしても、「復活にして生命」（十一・二五）であるキリストが墓のもとに歩み寄るというそのことだけでもうこの病は死に至らないことを意味してはいないであろうか？　キリストが一般にそこにあるという事実が、この病は死に至らないということを意味してはいないであろうか？　よしラザロが死人の中から甦らしめられたとしても、結局はまた死ぬことによって終局を告げなければならなかったとしたら、それがラザロにとって何の役に立とう？　キリストが、彼を信ずるすべての人にとって復活であり生命であるような方でなかったならば、それがラザロにとって何の役に立とう？　いな、ラザロが死人の中から甦らしめられたからして、そのためにひとがこの病は死に至らずというのではなく、彼がそこにあるからして、その故にこの病は死に至らないのである。一体人間的にいえば死はすべてのものの終りである、——人間的にいえばただ生命がそこにある間だけ希望があるのである。けれどもキリスト教的な意味では死は決してすべてのものの終りではなく、それは一切であるものの内部におけるすなわち永遠の生命の内部における小さな一つの事件にすぎない。キリスト教的な意味では、単なる人間的な意味での生命におけるよりも無限に多くの希望が、死のうちに存するのである、――この生命がその充実せる健康と活力のさなかにある場合に比してもそうである。

それ故にキリスト教的な意味では、死でさえも「死に至る病」ではない。いわんや地上的なこの世的な苦悩すなわち困窮・病気・悲惨・艱難《かんなん》・災厄・苦痛・煩悶《はんもん》・悲哀・痛恨と呼ばれるもののどれもそれではない。それらのものがどのように耐え難く苦痛に充ちたものであり、我々人間がいな苦悩者自身が「死ぬよりも苦しい」と訴える程であるとしても、それらすべては――かりにそれらを病になぞらえるとして――決してキリスト教的な意味では死に至る病ではない。

キリスト教はキリスト者に対して、一切の地上的なるもの、この世的なるものについて、更には死そのものについてさえもかくも超然たる考え方をすることを教える。人間が普通に不幸いな最大の災厄と呼んでいるものすべてをキリスト者がかくも誇らしげに眼下に見下すとき、彼は高慢にならざるをえないようにさえ思われる。だがそのときキリスト教は再び人間が人間としては知らない悲惨を発見したのである、――「死に至る病」がそれである。自然のままの人間が怖るべきものとして数え上げるようなもの、彼がそれをことごとく数え上げてもう何も挙げるものがなくなった場合でも、それはキリスト者にとってはまるで冗談のようなものである。自然人とキリスト者との関係はちょうど子供と大人との関係のようなものである、――子供の怖ろしがるものを大人は何とも思わない。子供は怖るべきものの何たるかを知らない、――それを大人は知っていて怖ろしく思うのである。怖るべきものを知っていないというのが子供の未熟な第一の点である、第二にそこからして子供は怖るべきものでないものを怖れるということが結果してくる。自然人もまた同様である。彼は何が真実に怖るべきものであるかを知らない、しかしそれで恐怖から免れているのではなく、かえって怖るべきものでないものを怖れるのである。神に対する異教徒の関係もまた同様である。異教徒はただ単に真実の神を知っていないだけではなく、加うるに偶像を神として崇《あが》めるのだ！

　キリスト者のみが死に至る病の何を意味するかを知っている。彼はキリスト者として自然人の知らない勇気を獲得した。彼はより怖るべきものを怖れることを学ぶことによってかかる勇気を獲得したのである。こういう仕方によってのみ人間は勇気を獲《う》るのである。人間はより大なる危険を怖れているときに、いつもより小なる危険のなかにはいりこんでゆく勇気をもつものである、――もし人間が一つの危険を無限に怖れるならば、ほかのものは全然存在しないも同様である。ところでキリスト者の学び知った怖るべきものとは、「死に至る病」である。

第一編

死に至る病とは絶望のことである。

一　絶望が死に至る病であるということ。

A、絶望は精神におけるすなわち自己における病であり、そこでそこに三様の場合が考えられうる。──絶望して、自己をもっていることを意識していない場合（非本来的な絶望）。絶望して、自己自身であろうと欲しない場合。絶望して、自己自身であろうと欲する場合。(4)

人間とは精神である。精神とは何であるか？　精神とは自己である。自己とは何であるか？　自己とは自己自身に関係するところの関係である、すなわち関係ということには関係が自己自身に関係するものなることが含まれている、──それで自己とは単なる関係ではなしに、関係が自己自身に関係するというそのことである。人間は有限性と無限性との、時間的なるものと永遠的なるものとの、自由と必然との、綜合である。要するに人間とは綜合である。綜合とは二つのものの間の関係である。しかしこう考えただけでは、人間はいまだなんらの自己でもない。

二つのものの間の関係においては関係それ自身は否定的統一としての第三者である。それら二つのものは関係に対して関係するのであり、それも関係のなかで関係に対して関係するのである。たとえば、人間が霊なりとせられる場合、霊と肉との関係はそのような関係である。これに反して関係がそれ自身に対して関係するということになれば、この関係こそは積極的な第三者なのであり、そしてこれが自己なのである。

自己自身に関係するところのそのような関係、すなわち自己、は自分で措定《そてい》したものであるか、それとも他者によって措定されたものであるかいずれかでなければならない。

さて自己自身に関係するところの関係が他者によって措定されたものである場合、無論その関係が第三者なのではあるが、しかしその関係すなわち第三者は更にまたその全関係を措定したところのものに関係するところの関係でもある。

かかる派生的な措定された関係がすなわち人間の自己なのである、——それは自己自身に関係するとともにかかる自己自身への関係において同様に他者に対して関係するところの関係である。そこからして本来的な絶望に二つの形態の存しうることが帰結してくる。もし人間の自己が自分で自己を措定したのであれば、その場合にはただ絶望の一つの形態、すなわち絶望して自己自身であろうと欲せず自己自身から脱れ出ようと欲するという形態についてのみ語りうるであろう、――絶望して自己自身であろうと欲する形態などは問題になりえないはずである。〔自己が絶望して自己自身であろうと欲しうるのは一体何によるのであろうか？〕それは自己という全関係が全く依存的なものであり、自己は自己自身によって平衡《へいこう》ないし平安に到達しうるものでもまたそういう状態のなかにありうるものでもなしに、ただ自己自身への関係において同時にその全関係を措定したものに対して関係することによってのみそうでありうることを示しているのである。それ故にまた絶望のこの第二の形態（絶望して自己自身であろうと欲する形態）は単に絶望の一種特別なものにすぎないものなのでは断じてなく、むしろその逆に結局あらゆる絶望がそのなかに解消せしめられそれへと還元せしめられうる所以《ゆえん》のものである。だからもし絶望状態にある人間が、自分では自分の絶望を意識しているつもりでおり、そしてむろん絶望のことをどこからか落ちかかってくる災難みたいに話したりするような馬鹿なことはせずに（それはいってみれば眩暈《めまい》している人間が、神経の錯覚で、何かが頭の上にのっかっているとか何か自分の上に落ちかかってくるようだなどと語るようなものである、実際はこの重みや圧迫は全然外的なものなのではなしに、内面的なるものの倒錯した反映にすぎないのだが）、自分ひとりの全力を尽して自分の力だけで絶望を取り去ろうとしているようなことがあれば、彼はなお絶望のうちにあるのであり、自分ではどんなに絶望に対して戦っているつもりでいてもその苦闘はかえっていよいよ深く彼をより深刻な絶望のなかに引摺《ひきず》り込むことになるのである。絶望における分裂関係は決して単純な分裂関係ではないので、自己自身に関係するとともに或る他者によって措定されているという関係における分裂関係である、——したがってかの自分だけである関係のなかでの分裂関係は、同時にこの関係を措定したところの力との関係のなかで無限に自己を反省するのである。

そこで絶望が全然根扱《ねこそ》ぎにされた場合の自己の状態を叙述する定式はこうである、——自己が自己自身に関係しつつ自己自身であろうと欲するに際して、自己は自己を措定した力のなかに自覚的に自己自身を基礎づける。

B、絶望の可能性と現実性。

絶望は優越であろうかそれとも欠陥であろうか？　純粋に弁証法的にいえばそれはど

ちらでもある。絶望している人を考えないで、抽象的に絶望を考えようとすれば、我々は絶望は非常な優越であるといわなければならないであろう。この病に罹《かか》りうるということが人間が動物よりも優れている点である。それは人間が直立して歩くということなどよりも遥かに本質的に人間の優越を示している、なぜならそれは精神であるところの人間の無限の直立と昂揚を意味しているからである。この病に罹りうることが人間が動物よりも優れている点である。この病に着目していることがキリスト者が自然人よりも優れている点である。この病から癒《い》やされていることがキリスト者の至福である。

かくて絶望することができるということは無限の優越である、——けれども現実に絶望するということはただに最大の不幸であり悲惨であるだけでなく更に最大の堕落ですらある。普通には可能性と現実性とは相互にこういう関係には立っていない。普通にはこれこれでありうることが一つの優越であるとすれば、現にそうであることは更に大なる優越である。すなわち普通にはひとは存在可能から存在へと上昇するのである。しかるに絶望においてはひとは逆に存在可能から存在へと下降する。可能性の優越の無限の高さに現実的な下降の無限の深さが対応する。かくて絶望に関していえば絶望していないというそのことが実は上昇なのである。けれどもこの規定もまた二義的である。絶望していないということは跛でないとか盲でないとかいうようなこととは事情が異なっている。絶望していないということが、絶望していないこと以上でも以下でもない場合には、それがかえって絶望していることなのである。絶望していないということは、絶望的でありうるという可能性を否定したことでなければならない、――或る人間が絶望していないということが真であるべきならば、彼は絶望するという可能性をあらゆる瞬間において否定していなければならない。可能性と現実性との間の関係は普通にはそういうものではない。もっとも哲学者達は、現実性は否定せられたる可能性であるというが、それは全面の真理ではない、――むしろ現実性は充実せる、現勢的なる可能性である。しかるにここではその逆に現実性(絶望していないということ、すなわち一つの否定)とは無力なる否定せられたる可能性である。普通には現実性といえば可能性に力を吹き込むものであるが、ここではそれはかえって可能性を滅ぼすものである。

さて絶望とは自己自身に関係する関係としての自己(綜合)における分裂関係である。けれども綜合それ自身は分裂関係ではないので、単にその可能性にすぎない、――換言すれば綜合のうちに分裂関係の可能性が存するのである。もし綜合それ自身が分裂関係であるとすれば、絶望は全然存しえないことになろう、――その場合には絶望は人間の本性それ自身のうちに存する或る物であり、したがってまさに絶望ではないということになる。そうすると絶望は人間が遭遇《そうぐう》するところの或る物であり、人間がそれに襲《おそ》われる(人間が病気に罹るというような意味で、また死が万人の運命であるというような意味で)ものであることになる。しかしそうではない。絶望は可能性として人間そのもののうちにひそんでいるのである。もし人間が綜合でなかったとすれば、絶望するということは全然ありえないであろう。また綜合が神の手によって根源的に正しい関係においてあるものでなかったとすれば、この場合にもまた人間が絶望するということはありえないであろう。

さて絶望はどこから来るのであるか? 綜合が自己自身へと関係するその関係から来るのである。人間を関係たらしめたところの神は、人間をいわば彼の手から解放するのである、かくて人間は自己自身に関係するところの関係となる。ところでその関係が精神であり自己であるという点に責任が存するので、あらゆる絶望はかかる責任のもとに立っている。絶望の持続するおのおのの瞬間を通じてかかる責任のもとに立っている、——絶望者がどのように多弁にまた巧妙に、自分をも他人をも欺《あざむ》きながら、自分の絶望を単に外から自分に襲いかかってきた一つの不幸にほかならないかのように、したがってそれは自分の責任ではないというふうに弁じ立てようとも。さきに眩暈の例のときに述べたように、そういうもののいい方の底にはひとつの混同がある。いったい、絶望と眩暈とは質的に異なったものなのではあるが、その間に共通する面も多い。すなわち眩暈が情念の規定のもとにおいてあるのはあたかも絶望が精神の規定のもとにおいてあるのと同じことで、眩暈は絶望状態と類比的なものを懐胎しているのである。

それならこのようにして分裂関係(絶望)が出現したとすれば、その当然の結果としてそれは持続することになるのであろうか？　いな、決してそうではない、——もし分裂関係が持続するとすれば、それは分裂関係から来るのではなくて、自己自身に関係する関係から来るのである。すなわち分裂関係が出現するたびごとに、またそれが現存している瞬間ごとに、それは直接にいまいった関係から発現してくるのでなければならない。見よ、我々は人間が(例えば不注意によって)自ら病を招くという。ひとたび病が出現するとき、それはその瞬間から現存するところの病として持続しだし、そしてその病はいまや一つの現実なのであるが、しかしその根源は次第に過去へと遠ざかってゆく。もし我々が病者に対して、「病める者よ、お前はこの瞬間に、この病を、お前に招き寄せているのだ」と間断なくいい聞かせるとしたら、惨酷な非人間的なことであろう。それは我々がいわば病の現実性を瞬間ごとにその可能性へと還元しようとしているのである。病者が病を自分に招き寄せたことは真実である。けれども彼はただ一度だけそれをなしたので、病の持続は彼がかつて一度病を自分に招き寄せたことの単純な帰結でしかない、病の持続の原因を瞬間ごとに病者に帰することは許されない。彼は病を招き寄せたとはいえるが、病を招き寄せているとはいえない。しかし絶望はこれと異《こと》なる。絶望の現実的な各瞬間がその可能性に還元せらるべきである、——絶望者は彼の絶望している各瞬間に絶望を自分に招き寄せているのである。絶望はいつも現在的な時間のなかにある、そこでは現実の後に取残されてしまうであろうようないかなる過去的なるものも姿を見せない、——絶望の現実的なおのおのの瞬間に絶望者は一切の過去的なるものを可能的に現在的なるものとして身に引受けるのである。何となれば絶望するということは精神の領域において起ることであり、人間のうちなる永遠者に関係することであるからである。ところで人間は永遠者から脱け出ることはできない、いな、それは永遠に不可能なことである。人間はいかにしても永遠者を一度にきれいさっぱりと投げ棄ててしまうことはできない、何ものもこれほど不可能なことはないのである。それで人間が永遠者をもっていない瞬間があれば、彼はそれをたったいま投げ出したばかりに違いないし、また彼はいまそれを投げ出しているのである。しかし永遠者はもどってくる、そこで人間は絶望している各瞬間ごとに絶望を自分に招き寄せているのである。絶望は分裂関係から結果し来るのではなく、自己自身に関係する関係から結果し来るものだからである。そして人間は自分の自己から脱け出ることができないように、自己自身への関係から脱け出ることもできない（一体両者は唯一同一のものである、自己とは自己自身への関係の謂《い》いであるから）。

C、絶望は「死に至る病」である。

「死に至る病」というこの概念は特別の意義のものと考えられなければならない。普通にはそれはその終局と結末とが死であるような病の謂《い》いである。そこでひとは致命的《ちめいてき》な病のことを死に至る病と呼んでいる。こういう意味では絶望は決して死に至る病とは呼ばれえない。それにキリスト教の立場からすれば、死とはそれ自身生への移行である。その限りキリスト教においては地上的な肉体的な意味での死に至る病などは全然考えられえない。むろん死が病の終局に立っているにはちがいないが、しかしその死が最後のものなのではない。死に至る病ということが最も厳密な意味で語らるべきであるとすれば、それは、そこにおいては終局が死であり死が終局であるような病でなければならない。そしてまさにこのものが絶望にほかならない。

だが絶望はまた別の意味で一層明確に死に至る病である。この病では人は断じて死ぬことはない(人が普通に死ぬと呼んでいる意味では)、――換言すればこの病は肉体的な死をもっては終らないのである。反対に、絶望の苦悩は死ぬことができないというまさにその点に存するのである。絶望は死病にとりつかれている者に似ている、――この者はそこに横たわりつつ死に瀕《ひん》しているのではあるが、死ぬことができないのである。かくて「死ぬばかりに病んでいる」というのは死ぬことができないという意味であるが、といっても生きられる希望がなおそこにあるという意味ではない、――いな、死という最後の希望さえも遂げられないほど希望がすべて失われているのである。死が最大の危険であるとき、人は生を希《ねが》う。彼が更に怖るべき危険を学び知るに至るとき、彼は死を希う。死が希望の対象となる程に危険が増大した場合、絶望とは死にうるという希望さえも失われているそのことである。

さてこの究極の意味において絶望は死に至る病である、――自己のうちなるこの病によって我々は永遠に死なねばならぬ、我々は死ぬべくしてしかも死ぬことができない、いな我々は死を死ななければならないのである。何という苦悩に充ちた矛盾であろうか！　一体死ぬというのは、過ぎ去ってしまうことを意味する、けれども死を死ぬるというのは、人がその死を経験することを意味するのである、――ほんの一瞬間たりともこの死を経験するものは、それによって永遠に死を経験することになるのである。人間がもしも病気で死ぬように絶望で死ぬものであるとすれば、人間のうちなる永遠者すなわち自己は、肉体が病気で死ぬと同じような意味で、死ぬことができなければならぬであろう。だがこれは不可能である、絶望による死はいつも自己を生のなかに置き換《か》えるのである。絶望者は死ぬことができない、「剣が思想を殺しえないように(5)」絶望もまたその根柢に存する永遠者なる自己を食い尽すことはできない、「その虫は死ぬることなくその火は消えることがない(6)」。ところで絶望とは自己自身を食い尽すことにほかならない、もっともそれは自己自身を食い尽そうとする熱情だけであって、自己自身を食い尽す力はもっていない。そしてこの無力性のなかから、自己自身を食い尽そうとする新たなる形態が生み出されてくることになるのだが、絶望はここでもまた自己を食い尽すことはできない。この新たなる無力性は絶望を更に昂《たか》める所以《ゆえん》のものであり、絶望昂揚の原理である。それは絶望における灼熱の尖端であり乃至《ないし》は冷たい火焔《かえん》である。かくして絶望者は自己自身を食い尽そうとして果しえぬ無力性を尖端としていよいよ深く自分のなかに孔を穿《うが》って進むことになるのである。絶望者にとっては絶望が彼を食い尽さないということは何等の慰めでもない。その逆に！　この慰めこそかえって「虫の死ぬことがない」という彼の苦悩なのである。自己自身を食い尽すことも自己自身から脱け出ることも無に帰することもできないことの故にこそ彼は絶望したのである、いな絶望しているのである。以上が病める自己における熱の上昇と絶望の深刻化の定式である。

絶望者は何かについて絶望する。一瞬それはそう見える、しかしそれはほんの一瞬間だけである、――その同じ瞬間に真実の絶望がすなわち絶望の真相が示される。彼が何かについて絶望しているのは本当は自己自身について絶望しているのであり、そこで自己自身から脱け出ようと欲するのである。かくて支配慾のある者――この男の標語は「帝王か然らずんば無[7]」である――が帝王にならない場合、彼はそれについて絶望する。だがそのことの真の意味は別の所にある、――すなわち彼は帝王にならなかったが故に、彼自身であることが耐えられないのである。だから彼は本当は自己が帝王にならなかったことに絶望しているのではなしに、帝王にならなかった自己自身に絶望しているのである。この自己、もしも帝王になりえたであろうならば彼の全き喜びであったであろう（もっとも別の意味ではこれもまた同様に絶望の状態である）ところのこの自己が、いまや彼には何よりも耐えられないのである。彼が帝王にならなかったことではなく、帝王にならなかったこの自己が、本当の意味では、彼に耐えられないのである。或いはもっと正確にいえば、自己自身から脱け出ることができないということが彼には耐えられないのである。もしも彼が帝王になったであろうならば、彼は絶望して自己を脱け出たことであったろう、――だがいま彼は帝王にはならなかった、そこで彼は絶望して自己を脱け出ることができないのである。いずれにしても本質的には彼は等しく絶望している、――なぜなら彼は自分の自己をもっていないすなわち彼は彼自身ではないのであるから。もし彼が帝王になったとしてもそれで彼は自己自身になることなく、かえって自己自身を脱け出ていたであろう、――もしまた彼が帝王にならなかったことの故に絶望に陥込んだとすれば、彼は自分が自己自身を脱け出ることのできない点に絶望しているのである。だからおそらく絶望者を（そして自己自身をさえも）一度も見たことのない全く浅薄な人間だけが、絶望者についてこういいうるのである（あたかもそれが刑罰でもあるかのように！）、――「彼は自己自身を食い尽している」と。実はまさにこの点に彼は絶望しているのである、それが不可能であればこそ彼は苦悩しているのである、なぜというにどうしても焼くことのできない、いな焼き尽すことのできない或る物——自己——のなかに絶望によって火焔が投ぜられたのである。

それ故に何かについて絶望することはまだ決して本来的な絶望ではない。それはまだ始めである、ちょうど医者が或る病について、病状がまだ顕われていないと語るときのような状態である。絶望の真相——すなわち自己自身について絶望していること——が顕わになるのはその次である。若い乙女が恋の故に絶望している。その際彼女は恋人の失われたこと(彼が死んだ、ないし彼が彼女を裏切った)について絶望している。彼女の絶望はまだその真相を顕わにしていない、——彼女は自己自身に絶望しているというのがその真相なのである。彼女のこの自己、もしも彼女が「彼の」愛人となりえたであろうならばこの上もなく愛らしく脱却しえた(ないしそれを喪失した!)であろうところの彼女のこの自己が、いまや彼女にとって苦悩である、——それはいまや「彼」のない自己であらねばならないのだから。彼女にとってその充実となったであろう(もっとも別の意味では同じく絶望の状態ではあるが)ところのこの自己が、「彼」の死んだ今となってはいまや厭《いと》うべき空虚となった、或いはまた嫌悪すべきものとなった、——自分は

「彼」に裏切られた人間であることを彼女の自己が彼女に想い起させるから。さて試みにそのような乙女に向って「お前は自分自身を食い尽している」といってみるがいい。彼女はきっとこう答えるであろう、――「いいえ、それができないのが私の悩みなのです。」

自己に絶望すること、絶望して自己自身を脱け出ようと欲すること、これがあらゆる絶望の定式である、――そこで絶望の第二形態（絶望して自己自身であろうと欲する場合）は第一形態（絶望して自己自身であろうと欲しない場合）に還元することができる、――他面また我々は「絶望して自己自身であろうと欲しない」形態を「絶望して自己自身であろうと欲する」形態へと還元したのである（A参照）。絶望者は絶望して自己自身であろうと欲する。だがもし彼が絶望して自己自身であろうと欲するとすれば、彼は自己自身から脱け出ようと欲しているわけではないのではないか？　一見そう思われるのであるが、詳細に考察してみると矛盾は結局同じことになることがわかる。絶望者が絶望した場合に意欲するところの自己は、彼自身の自己ではない（もし彼が真実に自分がそれであるところの自己たらんと欲するのであれば、それはまさに絶望の反対である）。本当は彼は、自分の自己を、それを措定した力から、引離そうとするのである。だがそれは彼のあらゆる絶望にもかかわらず力の及ばないことである。彼の自己を措定した力は絶望の極致における彼の努力よりも更に強力であって、彼がそれであることを欲しないところの自己たるべく彼に強制するのである。だが彼はどこまでも自己自身——自分の真実の自己——を脱け出て彼が自分で見つけ出したところの自己であろうと欲する。彼は自分の欲しているような意味での自己でありえたならば、さぞ愉快であろう(別の意味ではこれもまた同様に絶望の状態なのであるが)と思い込んでいる、——それに反し、自分がそれであることを欲しないような自己たるべく強制されること、これが彼の苦悩である、——いい換えれば自己自身を脱け出ることができないという苦悩である。

肉体は肉体の病によって食い尽されることがあっても、魂は魂の病(罪)によって食い尽されるということはありえないという点から、ソクラテスは魂の不死を証明した。(8) 同様に我々は、絶望は人間の自己を食い尽すことができないものであり、そしてそのことにこそ絶望の自己矛盾的な苦悩が存するという点から、人間のうちに永遠者の存することを証明しえよう。もし人間のうちに永遠者が存しなかったならば、人間は絶望しえなかったであろう。絶望がもし人間の自己を食い尽しえたとするならば、人間は絶望する必要がなかったであろう。

かくて絶望、自己におけるこの病、は死に至る病である。絶望者は死病に罹っている。人が普通に病についていうのとはまるで違った意味で、この病は人間の一番尊い部分を侵蝕《しんしょく》した、——しかも彼は死ぬことができないのである。そこでは死は病の終局ではなしに、むしろ終ることのない終局である。死によってこの病から救われることは不可能事である。病とその苦悩、そして死、——ああ死とはここでは死ぬことができないというそのことにほかならないのである。

これが絶望における人間の状態である。たとい絶望者が自分の絶望していることに全然気づいていないにしても、或いはまた自分の自己が失われていることに気づきさえもしないほど徹底的に自分の自己を喪失することに成功したとしても（これはおのが絶望状態についての無自覚を特色とする種類の絶望の場合によくあることだが）、必ずや永遠は彼の状態が絶望であったことを顕わにするであろう。そして彼の自己を彼に釘づけにして、いつになっても自己を脱け出ることができないという苦悩のなかに彼を残すことであろう。かくして、自分の自己を脱け出ることに成功したと思いこんだのは彼の幻想にすぎなかったことが、顕わになろう。永遠はきっとそうするに違いない。なぜというに、自己をもつこと、自己であること、は人間に許されたる最大のこと（真実に無限なる許容）であり、同時に永遠が人間に対して要求するところのことなのだから。

二　この病（絶望）の普遍性。

全然健康な人間などというものはおそらく一人もいないと医者は多分そういうであろうが、同じように我々は、もしも我々が人間を良く知っているとすれば、何等かの意味で何ほどか絶望していないような人間は一人もいないといわなければならないであろう。その最深の内奥に動揺・軋轢《あつれき》・分裂・不安の存しないような人間は一人もいない、——不安、知られざる或る物に対する不安、それを知ろうとすることさえも何となく怖ろしいような気のする或る物に対する不安、生存の或る可能性に対する不安或いはまた自己自身に対する不安、かかる不安の存しないような人間は一人もいない、——こういうふうに人間は（医者が人間は自分のうちに病気を抱いているというような意味で）精神の病を自分のうちに抱いて歩きまわっているので、病がそこにあるということが、時々電光のように、彼自身にも不可解な不安のなかでまた不安とともに、示されるのである。とにかく、キリスト教界の外部には、絶望したことのないような人間は一人も生きていたことがなかったし、また現に生きてもいないのである。それから、キリスト教界の内部でも、真実のキリスト者を除けば、同様である。人間が全然キリスト者になりきっているのでない限り、キリスト教界内の人間もまた何等かの意味で絶望しているのである。

こういう考察はきっと多くの人には逆説的な誇張のように、その上なお陰鬱な気落ちさせる見方のように思われることであろう。しかしこれは決してそういうものではない。それは陰鬱ではない、むしろ反対に人が普通に或る程度の暗闇のなかに放っておきたがるところのものをば光のもとに齎《もた》らそうと努力するものである。それは気落ちさせるものではない、むしろ反対に人の気持を昂揚させるものである。なぜならそれは、人間は精神でなければならぬという人間に対する最高の要求の観点のもとに、各人を考察するものであるから。それはまた決して逆説ではない、むしろ反対にそれは一つの首尾一貫せる根本的見解である、その限りまたそれはいかなる誇張でもない。

それに反して絶望についての通常の考察は外見だけに執《とら》われているものであり、一つの皮相なる考察、いな結局何等の考察でもない。すべての人間は自分が絶望しているかいないかを自ら一番よく知っているはずであるということをそれは仮定している。すなわち自分は絶望していると自ら口に出していう者は絶望しているのであり、自ら絶望していると考えていないものは、やはり絶望していないのであると看《み》なすのである。その結果絶望は比較的稀な現象であることになる。しかし絶望は実は全く日常的なものである。人間の絶望していることが稀なのではなくて、真実に絶望していないことが稀なのである、これこそ実に稀なのである。

通俗的見解は絶望の何であるかを解することきわめて不十分である。それは就中《なかんずく》次の点を看過している（この点だけを挙げることにする、だがこれだけでも正当に理解されるならば幾千の人達はいな幾千万の人達は絶望の欄の仲間入りをするのである）、――絶望していないこと、換言すれば自分が絶望していることを意識していないこともまたまさに絶望の一つの形態であるということ。通俗的な見解をとる人々は、絶望の考察に際して、彼等が病気や健康について判断をくだすときに陥《おちい》るのと同じ誤謬《ごびゅう》に、もっと深い意味において、陥《お》ち込むのである。もっと深い意味において、――というのは、通俗的な見解をとる人々においては精神に関する理解（これなしにはひとは絶望を理解することもできない）は病気や健康に関する理解よりも更に少ないからである。普通に人々は、当人自らが自分は病気であるといわないときは事実健康であり、いわんやまた当人が自分で自分は健康であるといえば、それこそそれに違いないものと思いこんでいる。けれども医者は病気をもっと違った眼で見ている。なぜであるか？　医者は健康について明瞭な透徹した意見を有しており、それにしたがって人間の状態を吟味するからである。単なる妄想の上に立った病気があるように単なる妄想の上に立った健康があることを医者は知っている。そこで医者は、そういう疑いのある場合には、まず病気を顕わにするような手段を講ずるのである。一般に医者は、彼が医者（その道の人）である以上、ひとが自分の容態について語る当人自身の供述には決して絶対の信頼をおかない。もしも各人が自分の容態について語るところ（健康であるとか病んでいるとか或いは悩んでいるとか等々）を絶対に頼りにして差支えないとする医者がいるとすれば、医者のつもりでいるのが自惚《うぬぼ》れなのである。一体医者はただ薬の処方をするだけでなく、何よりもまず病気を診断すべきものである、したがってまず何よりも先に病気だと思っているものが果して真実に病気であるか、健康だと思っているものが果して真実に健康であるかを診断すべきものである。心理学者の絶望に対する態度も、医者の病気に対するのと同様である。彼は心理学者として絶望の何たるかをよく知っているが故に、或る人間が自分について自分は絶望しているとか絶望していないとかと語るその供述には満足しない。すなわち自分は絶望していると主張するものも或る意味では決していつも絶望しているわけではないことが注意されなければならない。実際またひとは絶望を気取ることもありうるのである、また自分で自分がわからず精神の一の規定である絶望をばいろいろな一時的な不機嫌や悲観——これは絶望にまでつき詰められないで過ぎ行くものである——と混同するというような誤謬にも陥りがちである。その際心理学者は無論またそこにも絶望の諸形態を洞察するであろう。それは気取りであること、そしてこの気取りが実は絶望にほかならぬ所以《ゆえん》を彼は実に鋭く洞察しているのである。彼はまたこれらの不機嫌等々はあまりたいした意味のものでないこと、しかしこれらがあまりたいした意味のものでないというそのことが絶望にほかならないことを実によく洞察しているのである。

更に通俗的な見解は、精神の病としての絶望が、普通に病気と呼ばれているものと比較して遥かに弁証法的なものであることを看過している。それというのも絶望が精神の病だからである。絶望におけるこの弁証法的なるものが正しく理解されるとき、再び幾千の人々は絶望の欄の下に入れられるであろう。一体医者が或る人について或る時期に何某は健康であるという確信を抱いていたのが、後になってその人が病気になったとしても、その人がかつて健康であったという点では医者の意見が必ずしも間違っていたとはいえない、ただいまはその人は病気になっている̇の̇である。だが絶望の場合は別である。絶望が顕わになるやいなや、その人間は始めから絶望していたのだということもまた顕わになるのである。それだから、まだ絶望の経験を通じて救われたことのない人間については、ひとはいかなる瞬間にもその人間の状態に関して何等決定的なことを語りえないのである。というのは彼を絶望に齎《もた》らす条件が出現するやいなや、その同じ瞬間に、彼が過去の全生涯を通じて絶望していたのであることもまた顕わになるからである。これに反して、彼が熱に冒されたとしても、それによって彼がその全生涯を通じて熱に冒されていたことが顕わになるのだとは決していえない。ところが絶望は精神の規定性であり、したがってそれは永遠者へと関係しているので、そのために絶望の弁証法のうちには或る永遠的なるものが含まれているのである。

絶望は単に普通の病気と全く違った弁証法を含んでいるのみでなく、そこではあらゆる徴候が弁証法的である、――それで皮相な観察はともすると絶望の在、不在に関して欺かれ易いのである。というのは、絶望的でありえないことがかえって絶望の状態を意味している場合がありうる、――同時にそれはひとが絶望から救われている状態をも意味しうるのである。また泰然としていることがかえって絶望していることを意味しうる、すなわちそれがかえって絶望の状態でありうるのであるが、しかしそれはまたひとが絶望を克服して平安を見出している状態をも意味しうるのである。絶望していないということは病んでいないということとは事情が違うのである。病んでいないということは決して病んでいるということではない、――だが絶望していないということはかえって絶望しているということでありうるのである。絶望は病気の場合のように、悪いと思うことと病気とが一致するというわけのものではない。決してそうではない。悪いと思うことがそれ自身更に弁証法的なのである。悪いと思う気持に一度もなったことのない人がかえって絶望しているのである。

今述べたことの意味並びにその根拠は、精神（絶望について語ろうとすれば、我々は人間を精神の規定のもとに考察せねばならない）の規定のもとで見られた場合、人間の状態はいつも危機的であるという点に存する。我々は健康のときにでなく病気のときに危機ということを口にする。なぜであるか？　肉体的健康は直接的な規定性であり、そしてこれは病気の状態において始めて弁証法的なものとなるものだからである、そこでまた始めて危機ということが口にされる。けれども精神的には、すなわち人間が精神として考察される場合には、健康も病気と同様に危機的である、――精神の直接的な健康というようなものは存在しない。

もし我々が人間を精神の規定のもとに考察することをしないで（そうなれば我々は絶望について語ることもできない）、人間を単に霊と肉との綜合というふうに考えるとすれば、健康が直接的な規定性であり、霊ないし肉の病気に至って始めて弁証法的な規定性となる。だが人間が自分が精神として規定されているものなることを意識していないというちょうどそのことが絶望なのである。人間的な意味ではあらゆるもののうちで最も美しく最も愛らしいものである女性の青春――これは純然たる調和であり平和であり歓喜である――でさえも、実は絶望でしかない。青春は幸福《グリュック》である、しかし幸福は決して精神の規定ではない――幸福の遥か遥か奥の方に、深く深く隠されている幸福の秘密の最内奥に、そこにもまた不安が、すなわち絶望が巣くうている。絶望が最も好んで巣をつくる選り抜きの一番魅力的な場所はそういう所――幸福のただ中――である。〔一体幸福は精神ではない、それは直接性である。〕――そして一切の直接性は、それがどのように平和な安全なものと思いこまれていようとも、実は不安である、それ故にそれが大抵は対象のない不安であるのは全く当然なことである。直接性を不安に陥れるには戦慄すべき事柄を身の毛のよだつような仕方で物語るよりも、かまをかけるようにして、ほとんど投げやりのような調子で、ただし反省の力でたしかな狙いをつけながら、或る漠然とした事柄について、ちょっと言葉を滑らすようにする方がずっと有効である。かまをかけるような具合にして、私のいおうとしていることはもう貴方自身にはよくわかっているはずであると思うがといったふうに暗示的にもちかけることによって、我々は最もよく直接性を不安に陥れることができるのである。勿論その場合直接性は何も知っていはしない、――けれども反省はその罠《わな》を無から組み合わせるときほど確実に獲物《えもの》を捕えることはない、反省はそれが無であるときほど確実に自己自身であることは決してないのである。無の反省、すなわち無限なる反省、に耐えることができるためには、卓越せる反省が、――或いはもっと正確にいい換えるならば、偉大なる信仰が必要なのである。こういうわけであらゆるもののうちで最も美しく最も愛らしい女性の青春でさえも、絶望でしかない、幸運《グリュック》の賜物《たまもの》以外のものではない。だから一生涯こういう直接性をもってすりぬけることに成功するということはなかなかありえないのである。よしそれが成功したとしても、そういう幸運は何の役にも立たない、――なぜならそういう幸運は絶望にほかならないから。一体絶望は病であるが、しかしそれは全く以て弁証法的なものであるが故に、それに罹ったことがないことが最大の不幸であり、それに罹ることが真実の神の賜物であるというような種類の病である、——もっとももしもひとがそれから癒《い》やされることを欲しないとすれば、これほど危険な病はまたとないのであるが。ところで普通にはただ病から癒やされることは幸運であるというふうにいわれうるだけのことである、——病そのものは不幸である。

それ故に通俗的見解が、絶望は稀にしかないものであると考えているのは全然誤謬である。その逆に絶望は全く普遍的なものである。更に通俗的見解が、絶望していないと自ら信じ、ないし感じているものは絶望していないのであり、絶望していることを自ら口にするもののみが事実絶望しているのであると考えているのは、これこそ全くの誤謬である。むしろその逆に自分が絶望していることを気どらずに口に出せる人は、自ら絶望していると考えていない人達ないし絶望していると看なされていない人達の誰よりも、弁証法的にいえば、救済に少しばかり——一歩だけ——近づいているのである。だが人々は自分が精神であるということをはっきりと意識するに至ることとなしに日々を過しているというのが実に一般の状態である（この点では心理学者はきっと私に賛成してくれることと思う）、それで人々は自分では非常に安全なつもりでおり、人生に非常に満足していたりする、——これこそ絶望にほかならないのである。それに反して自分を絶望していると考えている人は、通例自分が精神であることを意識するに至らざるをえなかった程に深刻な天性の所有者であるか、でなければ苦しい出来事や怖るべき決断が彼を助けてそこに至らしめたのである。いずれにしてもそういう人達は、今もいったように、救済に一歩近づいている。ところで本当に絶望していない〔もはや絶望していない!〕人というものは確《たしか》に非常に稀にしか見出されないのである。

人間の苦悩や人間の悲惨について、ああ、人々は実にいろいろと多くのことを語っている。私もそれを理解しようと努めたし、またそのうちの多くのものを間近に識《し》るにも至った。いかに多くの人間が人生を空費していることであるか、というようなことを彼等はまたよく口にする。けれどもただ次のような人間のみが自己の人生を空費しているのである、――人生の喜びや煩《わず》らいに心惑わされて、永遠的な決断のもとに自己自身を精神すなわち自己として意識するに至らずして日々を過している人、また(結局同じことであるが)、神がそこにいまし、そして「彼」(彼自身、彼の自己)がこの神の前に現存しているのであることに気づいて、最深の意味でそれを痛感するに至ることの決してない人、――いうまでもないことであるがこういう収穫(無限性が収穫されること!)には絶望を通じて以外には決して到達されないのである。ああ、かくも多くの人々がすべての思想のうちで最も祝福されているこの思想に目を蔽《おお》われてかくも空しく日々を過しつつあるというこの悲惨、人間は特に大衆はほかのあらゆる事柄に携《たずさわ》らせられて人生の芝居のために機械のように自分の力を消耗させせられながらただこの祝福のことだけは決して想い起させせられないというこの悲惨、おのおのの個体が最高のもの唯一のもの——人生はこのために生きがいがあるのであり、このなかで生きるのは永遠も長過ぎはしないのである——を獲得しえんがために個体として独存せしめられることの代りに、逆に群集の堆積と化せしめられているというこの悲惨、——こういう悲惨が現存するという事実のためには私は永遠に泣いても泣ききれない思いがするのである！　そして絶望がこのように隠されているということが、私の考えによれば、この最も怖るべき病にして苦悩である絶望がいよいよ戦慄すべきものである所以のしるしにほかならない！　それは単に絶望に悩んでいる人が、もしそれを秘めようと思えば、誰も、誰も、それに気づくことができないくらいにその絶望を秘めていることができるというだけの意味ではない、いな、当人自身がそのことに少しも気づかないくらいに絶望が或る人間のうちに深く隠されていることがありうるというそのことを意味しているのである！　ああ、もしもいつか砂時計が、人生の砂時計がめぐりおわるときが来るとしたら、——そしてこの世の喧騒が沈黙し、せわしない暇つぶしの営みが終りを告げ、君の周囲にあるものすべてがあたかも永遠におけるが如くに静まりかえるときが来るとしたら、——そのときには君が男であったか女であったか、金持であったか貧乏であったか、人の世話になっていたか独立していたか、幸福であったか不幸であったかというようなことはすべて問題ではない。君が王位にあって冠の輝きを帯びていたか、それとも人目につかぬみすぼらしい人間としてその日その日の労苦と暑熱とを忍んでいるにすぎなかったか、(9)君の名前が世界の存続している限り人々の記憶に止まっていたか、それとも君は数知れぬ群集のなかの一人にすぎぬものとして名前もなしに一緒に駆けずりまわっていたか、或いはまた君を包んでいた栄光はあらゆる人間的描写を凌駕《りょうが》するほどのものであったかそれともまた君はこの上もなく苛酷で不名誉な人間的判決によって罪人の烙印《らくいん》を押されていたか、そういうことは問題ではない。永遠が君に問うこと、これらの数知れぬ幾百万の人々の一人一人に問うことはただ一つである、——君は絶望して生きていたかどうか、君は君の絶望に少しも気づいていないような状態で絶望していたか、それとも君の病を君を咬《か》む秘密として君の心の奥底に秘めて生きてきたか、罪深い愛慾の果実としてそれを君の胸の下に抱いて生きてきたか、それともまた絶望にたえかねて狂暴となり他人の恐怖のたねとなるような仕方で生きてきたか。もしそうだとしたら、もし君が絶望のまま生きてきたとしたら、よしその他の点で君が何を獲得しないし喪失したとしても、一切が君には喪失されてしまっているのである。永遠は君を受け入れない、永遠は君を知らないというのだ！　或いはもっと怖しいことには、永遠は君を知っている、君の知られている通りに君を知っている、――永遠は君の自己を通じて君を絶望のなかに釘づけにするのである！

三　この病（絶望）の諸形態。

絶望の諸形態は、自己がそれの綜合として成立している諸契機を反省することを通じて抽象的に見出されうるにちがいあるまい。自己は無限性と有限性から形成されている。さてかかる綜合は関係である、しかもそれは、派生されたものでありながら、自己自身に関係しているような関係である。これが自由である。自己とは自由である。ところで自由は可能性と必然性との規定における弁証法的なるものである。

けれども絶望は主としてそれの意識性という観点において考察せられねばならぬ。絶望が意識されているかいないかということが絶望と絶望との間の質的相違を形成しているのである。勿論あらゆる絶望はその概念上意識されているものである、しかしだからといって概念上絶望者と名づけられねばならぬような状態にある人が自分のその状態を意識しているとは限らない。この意味で意識が決定的なものである。一般に自己にとっては意識(自己＝意識)が決定的なものである。意識が増せば増す程それだけ自己が増し、意識が増せば増す程それだけ意志が増し、意志が増せば増す程それだけ自己が増すのである。いかなる意志をももっていない人間はいかなる自己でもない、――ところで彼が意志をもつことが多ければ多い程、彼はまたそれだけ多くの自己意識をもっているのである。

A、絶望が意識されているかいないかという点を問題とせずに考察せられた場合の絶望。したがってここでは綜合の諸契機のみが問題となる。

a、有限性と無限性との規定のもとに見られたる絶望。

自己は無限性と有限性との意識的な綜合であり、自己自身に関係するところの綜合である。自己の課題は自己自身となるにある、――これは神への関係を通じてのみ実現せられうるのである。ところで自己自身となるというのは具体的になることの謂《い》いである。だが具体的になるというのは「有限的になる」ことでも「無限的になる」ことでもない、――なぜなら具体的となるべきものは実に綜合なのであるから。そこで発展は次の点に存しなければならない、――自己を無限化することによって自己を無限に自己自身から解放すると同時に、自己を有限化することによって自己を無限に自己自身へと還帰せしめること。自己がそういう仕方で自己自身とならない限り、自己は絶望状態にある、――自己がそのことを知っているといなとにかかわらず。ところで自己は、それが現存しているおのおのの瞬間において、生成の途上にある。なぜというに「可能的なるものとしての」kata dunamin[10] 自己は現実的にそこにあるのではなく、どこまでも現実化すべきものとしてあるにすぎないのだから。そこで自己がそれ自身にならない限り、自己はそれ自身であるのではない、そして自己がそれ自身でないということが絶望にほかならないのである。

α、無限性の絶望は有限性の欠乏に存する。

これが事実そうであるということの根拠は自己が〔相互に止揚しあう両契機の〕綜合であり、それ故に一方のものは恒《つね》に同時にその反対でもあるという弁証法的なるもののうちに存する。いかなる絶望の形態も決して直接に(すなわち非弁証法的に)規定されることはできない、それはいつも同時にその反対を考えることによってのみ規定せられうるのである。もっとも詩人が実際に試みているように、絶望者自身をして語[11]らしめることによって、絶望者の絶望している状態を直接に描くこともできる。けれども絶望を規定することはただその反対を通じてのみ可能なのである。絶望の詩的表現が詩的な価値をもつべきであるとするならば、それはその表現の彩色のうちに弁証法的対立の反映を含んでいなければならない。それ故に、無限となったつもりの或いはただ無限であろうとするつもりのあらゆる人間的実存は(しかり、人間的実存が無限となったつもりでいたり或いはただ無限であろうとするつもりでいる各瞬間に)、絶望である。なぜというに自己は綜合であるからである、——そしてそこでは有限なるものは限定するものであり、無限なるものは拡大するものである。かくて無限性の絶望は空想的なるもの無限界的なるものである、——というのは、自己は、ひとたび絶望の経験を通じて自己自身を自覚的に神のうちに基礎づける場合にのみ、まさにそのことによってのみ健康であり絶望から解放されてありうるからである。

いうまでもなく空想的なるものはまず想像力《ファンタジー》と最も近い関係にある。だが想像力は更に感情・認識・意志と関係しているので、人間は空想的なる感情・空想的なる認識・空想的なる意志をもつことができる。想像力は一般に無限化作用の媒体である。それは単に他の諸能力と並ぶ一つの能力にすぎないものではなく、それはいわばあらゆる能力を代表する能力 instar omnium[12] である。或る人がどれだけの感情・認識・意志をもっているかということは結局その人がどれだけの想像力をもっているかという点に懸っている、換言すればその人の知・情・意の作用がどれだけ反省されているかという点にすなわち結局想像力のいかんに懸っているのである。想像力は無限化するところの反省である。それ故にほかならぬかの大フィヒテが、全く正当にも、こと認識に関してさえも、ファンタジーをあらゆる範疇《はんちゅう》の根源であると考えたのである[13]。自己とは反省である、——そして想像力《ファンタジー》とは反省であり、すなわち自己の再現であり、したがって自己の可能性である。想像力とはあらゆる反省の可能性である、強烈なる想像力のないところには強烈なる自己もまた存在しない。

空想的なるものとは一般に人間を無限者へと連れ出すところのものである。その際それは人間を単に自己から連れ去るだけなので、人間が自己自身へと還帰することをそれによって妨げる。

かくて例えば感情が空想的になるとすれば、自己は漸次稀薄になりまさるだけである。ついにはそれは一種の抽象的感傷性に堕するにいたり、人間はもはや現実的なものに対して感受性を動かすことなく、むしろ非人間的な仕方でたとえば抽象的な人類一般といったふうなあれこれの抽象体の運命に多感な思いを注ぐことになるのである。ロイマチス患者が自己の感覚的な知覚を支配しえずに、その知覚が風の具合や天候に左右せられ、その結果大気の変動等が起る場合にわれにもあらずそれを自分の身に感ずるように、感情が空想的になった人のもとでもそれと同じことが起るのである、——彼は或る程度まで無限になるのではあるが、しかしそれによって彼が漸次彼自身になるというのではない、むしろ彼は漸次自己自身を喪失するのである。

認識においても、それが空想的となる場合には、これと同様である。認識の観点から見られた自己の発展の法則は(自己が真実に自己自身となる場合には)こうである、——

認識の上昇の度が自己認識の度に対応すること、したがって自己はその認識が増せば増す程それだけ多く自己自身を認識すること。そうでない場合には認識はそれが昂《たか》まれば昂まる程いよいよ一種非人間的な認識と化するので、人間の自己がそういう認識の獲得のために浪費されることになる。それはちょうどピラミッドの建設のために人間が浪費されたようなものである、もしくはかのロシアの管絃楽(14)におけるように、各自がただ一つの音以上でも以下でもありえないような具合に人間が浪費されるのである。

意志が空想的になる場合にも、自己はやはり同様に漸次稀薄になる。その場合意志の具体性の度と抽象性の度とは一致しないことになる、――したがって意志が有限性の立場を超《こ》えて自己の企画と決意を昂めることによってかえって同時に自己自身をいますぐにも為さねばならぬ或る仕事の小さな部分のなかに全く現在的かつ同時的たらしめるというようなこと(この場合には無限性の獲得はそのまま最も厳密な意味において自己自身への還帰となるであろうが)がなくなる。したがってまた企画と決意における最高の無限性の獲得の故に意志が自己自身から最も遠く隔たりながらも実はその同じ瞬間に自己自身に最も近く接近していて、今日、この時間、この瞬間、にも遂行せられうるような無限に小さな部分の仕事をも遂行するというようなことは考えられなくなる。

このように感情ないし認識ないし意志が空想的になることによって、最後に自己の全体が空想的になるようになる、——それにはより能動的な形態（人間が空想的なるもののなかに突入する場合）とより受動的な形態（人間が空想的なるものによって奪い去られる場合）とがあるが、いずれの場合もそれは自己自身の責任である。その場合自己は抽象的な無限性ないしは抽象的な孤立性のなかで空想的な生存を営む、——ただしそれはたえず自分の自己を失い続けているので、自己はいよいよ遠く自己から離れ去るばかりである。例えば宗教的な領域においてもそうである。神との関係において我々は無限なものとせられる。けれどもかかる無限化がともするとあまりにも空想的に人間の心を奪い去るので、その結果それは単なる陶酔に過ぎなくなるのである。人間には時として神の前に現存していることが耐えられないような気持になることがある、——なぜというにその場合人間は自己に還《かえ》り来ること、自己自身となることが不可能にされるからである。そういう空想風の信心家はこういうであろう、（彼の言葉によってその特色を示すならば）——「雀が生きていられるというのはなるほどもっともである。雀は自分が現に神の前にあるということを知らないのだから。だがひとたび自分が現に神の前にあるということを知った人間がその同じ瞬間に発狂もせず破滅もしないということがありえ

ようか！」(15)

しかし人間はそういうふうに空想的になった、したがって絶望した場合でも、それでも(よく見られることだが)外見上は全く普通の人間として何の差し障りもなく日々を送ることができる、この世の仕事に従事し、結婚し、子供を生み、名誉あり声望ある位置に立つことができる、――そして彼にはより深い意味において自己が欠けているということにはおそらく誰も気づかないであろう。自己というようなものについて世間の人々が大騒ぎすることは決してないのである。なぜなら自己というのは世間では一番問題にされることの少ないものであり、自己とはそれをもっているということがちょっとでも気づかれるならばこれほど危険なことはまたとないような種類のものなのである。自己自身を喪《うしな》うという本当に一番危険なことが世間ではまるで何でもないかのようにきわめて静かにおこなわれうるのである。これほど静かに済まされうる喪失はほかにはなにもない、――もし何かほかのもの、腕一本・足一本・金五ターレル・妻等々を喪ったとしたら、まさか気づかずにはいまい。

β、有限性の絶望は無限性の欠乏に存する。

こういう関係が成立するのはαにおいて示されたように、自己が〔相互に止揚しあう両契機の〕綜合であるという弁証法的な事実によるのである、――だからして一方のものは同時にその反対でもある。

無限性の欠乏は絶望せる固陋《ころう》性、偏狭性である。固陋性とか偏狭性とかいうのはこの場合無論倫理的な意味においてのみ語られているのである。世間では本来ただ理知的ないしは審美的な意味においてのみ固陋性ということを口にする、――すなわち要するにどうでもいいことを問題にしているのである。世間ではいつもどうでもいいことが一番問題にされる、一体どうでもいいことに無限の価値を賦与《ふよ》するのが世間というものなのである。世間的な見解はいつも人と人との間の区別にだけ執着しているので、自然また必要なる唯一つのもの(16)に対する理解(これが精神と呼ばるべきものであろう)が欠けることになる。そこでまた固陋性と偏狭性とが自己喪失の状態――無限者への逃避によるそれではなしに、人間がまるで有限的なものとなり、むしろ自己である代りにただの一つの数、もう一人だけの人間、かかる千篇一律のもののなかにおけるもう一つだけの反《はん》覆《ぷく》に過ぎないものとなることによる自己喪失――にほかならぬ所以《ゆえん》をも理解しえないのである。

絶望せる偏狭性は根源性の欠乏である、換言すれば人間が自己の根源性を奪い去られて精神的な意味で去勢されている状態である。一体いかなる人間も根源的に自己自身たるべく定められており、彼自身となることが彼の使命である。さて自己はありのままの状態では無論すべて角のあるものである、――だからといって自己は滑らかに擦《す》り減らさるべきものであるということにはならないので、それはただ滑らかに彫琢《ちょうたく》せらるべきものなのである。人間は人間を怖れるのあまり自己自身であることを全く放棄するようなことがあってはならない。いわんや他人に対する恐怖だけのために、自己がその本質的な偶然性〔これこそ擦り減らされてならぬものである〕のままに自己自身であることをあえてする勇気を放棄するようなことがあってはならない、――人間はかかる本質的な偶然性のなかでこそ自己自身に対してまさに自己自身なのである。人間は絶望の一つの仕方において無限者のなかに迷いこんで自己自身を失うことがあるとともに、絶望の他の仕方においていわば自分の自己を「他人」から騙《かた》りとられるのである。そのような人間は自分の周囲にある多くの人間の群を見、あらゆる世間的な事柄との関係のなかにはいりこみ、世間がどういうものかを理解するに及んで、自己自身を忘却し自分がどういう名前(この言葉の神的な意味において)であったかも忘れ果て、敢て自分で自分を信ずる気にもなれず、自己自身であろうなどとはだいそれたことで他人と同じようである方がずっと楽でずっと安全だというような気持になる、——こうして彼は群集のなかでの一つの単位、一つの符牒《ふちょう》、一つのイミテーションに堕するのである。

絶望のこの形態には世間では全然といってもいいくらい気づいていない。こういうふうに自己自身を放棄する人は、まさにそのことによってかえって世間の取引を旨くやってのける骨《こつ》、いな、世間で成功をかちうる骨を体得するにいたるからである。こういう人々の場合には彼の自己とその自己の無限性への努力が彼を邪魔したり彼に煩らいを齎《もた》らすなどということがなくなる、彼は小石のように滑らかに擦り減らされており現今流通の貨幣のように通りがいい。世間は彼を絶望していると看《み》なすどころか人間はすべてかくあるべきものと考えるのである。一般に世間は(これは当然のことだが)真実に怖るべきものの何たるかを全然理解していない。ただに生活に何の不都合をも来さないだけでなく、かえってその人の生活を安易な愉快なものにするような絶望が全然絶望と看なされていないのはむしろ当然である。世間の考えがこういうものであることは就中《なかんずく》ほとんどあらゆる格言――これは大抵は処生訓にすぎないものであるが――についても窺《うかが》われる。例えば、饒舌《じょうぜつ》には十度の、沈黙には一度の後悔があるということがいわれる。なぜであるか？　口に出していったということはひとつの外的な事実であり、それ自身ひとつの現実なのであるから、それはひとをいろいろな煩らいのうちに捲《ま》きこみうるからである。けれどももし口に出していわなかったとしたら！　実はこれこそ危険きわまることなのである。というのは沈黙においては人間は全く自己自身へと孤立せしめられる、そこでは現実がやってきて彼の世話をやくということがない、――現実が彼の言葉の結果を彼の上に齎らして彼を罰するというようなことがないのである。しかり、そういう意味では沈黙は決して危険を齎らしはしない。けれどもまさしくその故に、怖るべきものの何たるかを知っている人は、その進路を内側にとって外に何の痕跡《こんせき》をも残さないような罪・咎《とが》をこそ何にもまして最も怖れるのである。それからまた、世間の眼から見ると冒険は危険である。なぜであるか？　冒険には失敗の可能性がつきまとうから。冒険しないこと、それが賢明である！　しかも我々は冒険さえすれば容易に失うことのないもの(よしほかにいかに多くのものを失おうとも)をかえって冒険をしないために怖ろしいほどやすやすと失うことがありうるのである、――すなわち自己自身を。少なくとも冒険するものはかくもやすやすと、あたかも何も失われはしなかったかのようにかくもやすやすと、自己自身を失うというようなことはない。もし私の冒険が誤まっていたとすれば、そのときはそのときで、人生が刑罰によって私を救ってくれるであろう。しかしもし私が全然冒険を試みなかったとしたら、一体誰が私を救ってくれるのであるか？　ことにもし私が最高の意味での冒険（最高の意味での冒険とは自己自身を凝視することにほかならない）を避けて通った卑怯さのおかげで、あらゆる地上的な利益を獲得することはできたが、——自己自身はこれを喪失したとしたら？[17]

有限性の絶望というのはまさにこういうものである。こういうふうに絶望している人間は、そのためにかえって具合よく（本来、絶望しておればおる程いよいよ具合が好いのである）世間のなかで日を送り、人々から賞讃され、彼等の間に重きをなし、名誉ある位置につき、そしてこの世のあらゆる仕事に携わることができるのである。世間と呼ばれているものは、もしこういってよければ、いわば世間に身売りしているような人々からだけ出来上っているのである。彼等は自分の才能を利用し、富を蓄積し、世間的な仕事を営み、賢明に打算し、その他いろいろなことを成し遂げて、おそらくは歴史に名が残りさえもする、——しかし彼等は彼等自身ではない。彼等がその他の点でいかに利己的であろうとも、精神的な意味では何等の自己――そのためには彼等が一切を賭《と》しうるような自己、神の前における自己、――をも彼等は所有していない。

b、可能性と必然性の規定のもとに見られたる絶望。

生成ということのためには(そして自己は実に自由に自己自身に成るべきものである)、可能性と必然性とが同様に本質的なものである。自己には無限性と有限性(apeiron-peras)[18]とが帰属しているように、同様に可能性と必然性とが帰属している。いかなる可能性をももたぬ自己は絶望している、――いかなる必然性をももたぬ自己もまた同様に絶望している。

α、可能性の絶望は必然性の欠乏に存する。

こういう関係が成立するのは、先にも述べたように、その関係が弁証法的なものであるからである。

無限性が有限性によって制限されるように、同様に可能性は必然性によって牽制される。自己が有限性と無限性との綜合として措定せられ、いまや生成せんとして、可能的に kata dunamin ある場合、それは自己を想像力の媒体のなかで反省するのであるが、そのときそこに無限の可能性があらわれてくる。可能性の面からいえば、自己とは可能的なものであると同様に必然的なものである。なぜというに、自己とはむろんそれ自身なのであるが、しかしまたそれはそれ自身になるべきものでもある。それがそれ自身である限りにおいてはそれは必然的なものであり、それがそれ自身になるべき限りにおいては、それは可能性である。

さて可能性が必然性を放棄し、その結果自己が可能性のなかで自己自身から離れ去って、再びそこにもどり来るべきなんらの必然的なるものをもたない場合、これが可能性の絶望である。自己は抽象的な可能性となる、——自己は可能性のなかでもがき廻って疲れ果てるだけで、その場所から外に動き出すこともまたどこかほかの場所にゆきつくこともともにできない。なぜというに必然的なるものこそ場所なのである。人間が自己自身になるというのはまさしく場所における運動そのものにほかならない。生成は場所からの運動であり、人間が自己自身になるというのは場所における運動である。

さて〔必然性を持たぬ〕自己に対しては、可能性は次第次第に拡大されてくる、その領域はどこまでも拡大されてくるように思われる、——彼には何物も現実的にはならないのであるから。最後にはどんなことでも可能であるかのように思われてくる、――そして丁度ここまできたときには、深淵がもう自己を呑み込んでしまっているのである。どのような小さな可能性でもそれが現実性となるためには或る時間を必要とするはずである。しかるにここでは、最後に現実性のために費やさるべき時間がだんだんと短くなってゆくのである、――一切が次第に瞬間の事柄となる。可能性がいよいよ強烈になってくる、――現実性の意味においてではなく、可能性の意味においてである。というのは、現実性の意味で強烈なものの場合には、可能的なもののうちで何かがきっと現実的となるわけだからである。さて何かが瞬間的に可能的なものとして示される、そうするとまた新しい可能性が示されてくる、最後にはこれらの幻影が非常な速度で相継いで出現してくるので、結局どんなことでも可能であるかのように思われてくる、――これが実に個体が自己自身にとって隅から隅まで蜃気楼《しんきろう》〔単なる可能性〕となった最後の瞬間にほかならない。

さて自己に欠けているものはいうまでもなく現実性である、――それでまた一般に人々は或る人が非現実的になったというようなことをいう。しかし更に詳しく調べてみると、自己に欠けているものは本当は必然性である。すなわち哲学者達が説明しているように、必然性が可能性と現実性との統一であるというようなものではない、――いな、現実性が可能性と必然性との統一なのである。自己がこのように可能性の領域のなかで迷っているとしても、それは単に力が不足しているというのでもない。力が不足しているということも確にありはするが、少なくともその意味は普通に考えられているのとは違ったように理解せられなければならない。本当の意味で欠けているものは、自分の自己のうちに存する必然的なるもの(自分自身の限界とも呼ばるべきもの)のもとに頭をさげるところの服従の力である。それ故に不幸なことはそのような人間がこの世の中で何にもならなかったということではない、――いな、彼が自己自身に(彼がそれである自己が全く特定の或る物でありしたがって必然的なるものであるということに)着目しなかったことが不幸なのである。彼は自分の自己を空想的に可能性の鏡のなかに映して見ることによって、自己自身を喪失したのである。既に鏡のなかで自己自身を見うるためにも、ひとは必然的に自己自身を知っているのでなければならない。もしそうでないとすれば、そこに見られているものは自己自身ではなしに、ただの一人の人間だということになろう。ところで可能性の鏡は決して普通の鏡ではない、それは極度に用心して使用せられなければならない。なぜならこの鏡については最高の意味で、それは真理ではない、ということがいわれうるのである。自己が自己自身の可能性のなかでこれこれのように見えるということは、単になかば真理であるにすぎない、——自己自身の可能性においては自己はなお自己自身から遠く隔っているのでありないしはまた単になかば自己自身であるにすぎないのだから。そこで問題は、この自己の必然性がこの自己を更に正確にどのように規定するかに懸っている。可能性というのは、子供が何かの遊戯に加わるように誘われている場合に似ている。子供はいつだって加わりたがっている。ところで問題は、両親がそれを許すかどうかである、——この両親がちょうど必然性にあたるのである。

ところで可能性においては一切が可能的である。そのためにひとは可能性のなかであらゆる可能的な仕方で道に迷うことがありうる、しかし本質的にはその形態は二つである、——すなわち追求的な憧憬の形態(希望)と空想的な憂愁の形態(恐怖ないし不安)とである。童話や伝説のなかにしばしばひとりの騎士の物語が出てくる。或る騎士が突然一羽の不思議な美しい鳥を見つけた。鳥は始めにはすぐ近くにいるように見えるので、騎士はそれを手で捕えることもできるように思いこむ。彼はそれを追いかける、そうすると鳥は或る距離だけ飛び去る、騎士はどこまでも追いかける。ついに夜となり、仲間からはぐれた彼は自分の迷いこんだ森のなかでもはや帰路を見出すことが出来なくなるのである。憧憬的な可能性とはちょうどこのようなものである。可能性を必然性のなかにとりもどす代りに、彼は可能性の後を追いかける、——そしてついにはもはや自己自身への帰路を見つけることが出来なくなるのである。――方向が逆ではあるが、憂愁においても同じことが起る。そこでは人間は愛の憂愁にかられて不安の可能性を追い求めるのであるが、そのため遂には自己自身から離れ去ってその不安のなかで身を滅ぼすにいたるのである、ないしは、そこで身を滅ぼしはしまいかと不安を感じていたそのもののなかで身を滅ぼすにいたるのである。

β、必然性の絶望は可能性の欠乏に存する。

以上のように可能性のなかに迷い入ることをもし子供の発する母音の片言になぞらえるとしたら、可能性を欠いているということは、いわば無声のようなものであろう。必然的なるものは、子音だけの系列に似ている、——それを発音しうるためには可能性が加わらねばならない。その可能性が欠ける場合には、すなわち人間的実存がそれに可能性が欠けるところまで押しすすめられる場合には、それが絶望の状態である、——可能性が欠けている各瞬間にそうである。

普通に人々は或る特定の年頃には特に希望が豊かであるというふうに考えている、或いはまたひとは自分の生涯の或る特定の時期或る特定の瞬間には希望と可能性が非常に豊かであったというようなことをいう。しかしこれはすべて単に人間的なもののいい方で、真理にまで至っていない。すべてこのような希望やすべてこのような絶望は未だ真実の希望でもなければ真実の絶望でもない。

決定的なことはこうである、——神にとっては一切が可能である。(19) これは永遠の真理で、したがって各瞬間に真理である。ところで人々は日常こともなげにそういうことを口にしているのであるが、しかし、人間がぎりぎりのところまで押しつめられて、彼にはもはや(人間的な意味では)いかなる可能性も存在しないようになったとき、そのとき始めて今いったことが真剣に問題となるのである。神にとっては一切が可能であるということを彼に信ずる意志があるかいなかがそのとき問題となる、——くりかえしていうが、彼に信ずる意志があるかいなかということである。だがそれでは、それこそ全く公式通り「正気を失う」ことになりはしまいか？　しかり！　信ずるというのは実に神を獲得するために、正気を失うことにほかならない。

こんなふうな場合を考えてみよう。何か或る怖るべきことについてこれだけは絶対に我慢ができないというふうに考えて、それを想い浮かべるごとに非常な戦慄をもって怯《おび》えている人があると考えてみる。さて彼がそれに遭遇したとする、――ちょうどその怖るべきことに彼が遭遇するのである。人間的にいうならば、この場合彼が破滅するということほど確かなことはない。絶望のうちにあって彼の魂の絶望は絶望の許しを獲《え》んとして戦う、いわば絶望への憩《いこ》いを求めて、全人格をして絶望に共鳴せしめんとして戦う、――その場合彼は彼の絶望を妨げようと試みるものを何にもまして熱情的に呪うであろう。「従兄弟よ、絶望への快適な途より余を連れ去りし汝に呪あれ！」と詩人中の詩人はこの点を類い稀なすばらしさで描き出している(リチャード二世。第三幕第三場)(20)。こういうわけで、人間的に語るならば、この場合救済ほど不可能なことはまたとない、――けれども神にとっては一切が可能なのである！　これが信仰の戦いである、いってみれば、可能性のための狂気の戦いである。なぜなら可能性が唯一の救済者であるから。誰かが気絶した場合には、我々は水やオードコロンやホフマン氏液を持ってくるように叫ぶ。だが誰かが絶望せんとしている場合には、「可能性を創《つく》れ！　可能性を創れ！」と我々は叫ぶであろう、可能性が唯一の救済者なのである。可能性！　それによって絶望者は息を吹き返し、蘇生する。可能性なしには人間はいわば呼吸することができないのである。時には人間の想像の発明力だけで可能性が創り出されることもありうる、——だが結局は、神にとっては一切が可能であるということのみが救いとなるのである。すなわち結局は信仰が問題なのである。

このようにして戦いが戦われる。そういうふうに戦うものが破滅するかいなかは、ひとえにただ彼が可能性を創るかいなか換言すれば彼が信ずるであろうかいなかに懸っている。しかも彼は人間的な意味では彼の破滅ほど確かなものはないことを知っているのである。これが信仰における弁証法的なるものである。普通人間はこれこれのことが自分の身に起ることは、願わくは、多分、ないであろうといったようなことしか知らない。だが実際それが彼の身に起る場合には、彼は破滅する。向う見ずな人間はことさらにいろいろな可能性を含んだ危険のなかに跳びこんでゆくのであるが、その危険が実際に出現してきた場合には彼は絶望して破滅する。信仰者は、彼に襲いかかっていることないし彼のあえてしていることが、人間的な計算によれば、彼の破滅となるに違いないことを見かつ知っている、だが彼は信ずるのである。そのため彼は破滅を免れる。彼は自分がいかにして救われるであろうかというようなことは全然神に委せきりである、ただ彼は神にとっては一切が可能であることを信じている。人間が自己の破滅を信ずることは不可能である。人間的にはそれが自己の破滅であるということを理解した上で、しかもなお可能性を信ずるということ、それが信仰というものである。そのときに神もまた彼を助ける、——おそらくは彼を怖るべきことから免れしめることによって、またおそらくは怖るべきことそのこと——予期せざる奇蹟的な神的救済の出現——によって。奇蹟的な！　というのは、ただ一八〇〇年以前においてのみ人間が奇蹟的に救済されたなどと考えるのは、実に奇妙な気どり方である。或る人間が奇蹟的に救済されえたかいなかは、本質的には彼が悟性のいかなる熱情をもって救済の不可能なる所以《ゆえん》を理解していたかという点に懸っている、更に、それにもかかわらず彼を救済してくれた力に対して、彼がいかに誠実であったかという点に懸っている。だが通常人間はそのいずれをもなさない、——人々は一度も自己の悟性を動員して救済の発見に努めることさえもせずに、救済は不可能であると悲鳴をあげる、しかるに後には彼等は恩知らずにも〔彼等が救済を不可能と考えていたこととしたがって彼等は奇蹟的に救済されたのであったことを〕認めようとはしないのである。

信仰者は絶望に対する永遠に確かな解毒《げどく》剤——すなわち可能性——を所有している、

なぜなら神にとってはあらゆる瞬間において一切が可能なのであるから。これが信仰の健康である。健康とは矛盾を解消する能力である。この場合矛盾とは、人間的には破滅が確実であるにもかかわらず、しかもなお可能性が存在する、というそのことにほかならない。一般に健康とは矛盾を解消しうる能力である。たとえば肉体的に或いは生理的にいってそうである。呼吸は矛盾である、なぜなら呼吸は分離せるないし非弁証法的なる冷と温とであるから、――しかし健康な身体はこの矛盾を解消しているので、呼吸を意識しない。信仰もまたかくの如きものである。

可能性の欠乏は、一切が必然的であるということかないしは一切が日常的になったということかのいずれかを意味する。

決定論者・宿命論者は絶望しており、絶望者として自分の自己を喪失している、――なぜなら彼にとっては一切が必然性であるから。あたかも彼は、一切の食物が金に変えられたために餓死したというあの王様に似ている。人間は可能性と必然性との綜合である。だからしてそういう人間の存続は、吸う息と吐く息とから成る呼吸作用になぞらえられよう。決定論者の自己は呼吸することができない。ただ単に必然的なものだけを呼吸することは不可能なのであり、もし必然的なものだけが純粋にとりだされてきた場合には人間の自己は窒息させられるほかないであろう。——宿命論者は絶望し、神を喪失し、かくて自分の自己を喪失している、——神をもたぬものはまた自己をももたぬからである。さて宿命論者は神をもっていない。或いは同じことであるが、彼の神は必然性である。もともと神にとっては一切が可能であるということは、一切が可能であるというそのことが神だということである。それ故に宿命論者の礼拝はせいぜいのところ一つの間投詞であり、本質的には沈黙、沈黙の服従である。宿命論者は祈ることができない。祈ることもまたひとつの呼吸である、——可能性と自己との関係は酸素と呼吸との関係のようなものである。ところで人間が単に酸素とか窒素とかだけを呼吸することができないように[21]、可能性だけや必然性だけで祈りの呼吸を生ぜしめることもできない。祈りには神と自己と、それから可能性とがなければならない、いい換えれば含蓄ある意味においての自己と可能性とがなければならない、——神とは一切が可能であるという意味であり、或いはまた一切が可能であるということが神を意味しているからである。自己が精神となるまでに自己の本質が根柢から動揺せしめられて、一切が可能であるということを理解するに至ったような人間のみが、神との交わりにはいったのである。神の意志は可能的なるものであるということによって、私は祈りうるに至るのである。もしも神が単に必然的なるものであるとすれば、人間は本質的に動物同様言葉のない存在となろう。

俗物性と日常性にもまた本質的に可能性が欠けている、ただしこの場合には事情がいささか異なっている。俗物性は無精神性であり、決定論と宿命論とは精神の絶望である、――尤《もっと》も無精神性もまた絶望である。俗物性は精神の一切の規定を欠いていて蓋然《がいぜん》的なるものに終始するので、そこでは可能的なるものにもちょっとばかり場所が与えられている。ところが神に着目するにいたるような可能性はそれには欠けている。想像力《ファンタジー》がないから――俗物的な人間はいつもそうである(酒屋の主人でも国務大臣でも)――彼は、世の中がどういうものであるか、何が可能であるか、普通どんなことが起るものであるか、というようないろいろな経験の或る種の通俗的な寄せ集めのうちに生きている。かくて彼は自己自身と神とを喪失したのである。なぜというに人間が自分の自己と神とに気づきうるに至るためには、彼が想像力によって蓋然的なるものの靄《もや》の領域よりも更に高い所にまで駆りたてられ、かかる靄の領域からその外に救い出され、一切の経験の充全量 quantum satis を超越するものを可能ならしめられることによって、望みかつ怖れることないしは怖れかつ望むことを学ばせられることが必要なのである。けれども日常的な人間は想像力をもっていないし、またもつことを欲しない、彼はそれを嫌悪しているのである。したがってここにはどのような助けもない。ただ時おり人生が日常的経験の猿智慧《さるぢえ》を超えて出るようなさまざまの怖ろしい事件を通じて助けにきてくれるのだが、そのとき、俗物はすぐに絶望してしまう、――かくて俗物性がもともと絶望にほかならなかった所以が曝露《ばくろ》されるのである。すなわち神の助けを通じて自己を或る破滅から救い出しうるための信仰の可能性が俗物性には欠けているのである。

宿命論と決定論とはそれでもなお可能性に絶望するに足るだけの想像力を、不可能性を発見するに足るだけの可能性を所有している。しかるに俗物性は日常的なるもののもとに満足しているので、その生活がうまくいっているにしろいないにしろ、とにかく等しく絶望の状態にある。宿命論と決定論には必然性の緊張を弛《ゆる》めてそれを鎮静させ調節することの可能性が、すなわち緩和作用としての可能性が欠けているのであるが、俗物性には無精神性からの覚醒作用としての可能性が欠けている。一体俗物性は可能性を自分の思いのままに支配しうるかのように思いこんでいるのだ。自分ではかの巨大な弾力性であるところの可能性を蓋然性の陥穽《かんせい》ないし癲狂院《てんきょう》のなかにおびきいれて捕虜にしたつもりなのである。可能性を蓋然性の檻《おり》に入れてひきずり廻り、見世物にして、それで自分ではひとかどの主人のつもりでいるのであるが、実はそれによってかえって自分自身を檻のなかに入れているにすぎないので、自分がいまや無精神性の奴隷でありあらゆるもののうちの最も憐れむべきものになっていることに自分で気づいていない。というのは可能性のなかに踏み迷うた者は向う見ずな絶望によって空高く舞上るし、その人にとって一切が必然と化したところの〔可能性を喪失した〕者は萎縮した絶望のなかで現実に挫折する、――ところが俗物的な人間は〔必然性をも可能性をももたないので〕自己満足的に無精神性の勝利を祝うのである。

B、意識という規定のもとに見られたる絶望。

意識の度が増せば増す程、その増加に比例して絶望の度もまた強まってくる、――意識が増せば増す程それだけ絶望の度は強くなるのである。このことはどこにでも現われているが、特に絶望の最高度と最低度のうちに最も明瞭に看取される。悪魔の絶望は最強度の絶望である、なぜというに悪魔は精神だけであり、(22)その限り絶対に透明な意識であって、情状酌量に役立つべき無意識性をもっていないから、――その故に悪魔の絶望は絶対の強情である。これが絶望の最高度である。絶望の最低度は、(我々は人情として自然にこういいたくなるのであるが)一種無邪気な気持のうちに自分が絶望であるということさえも知っていない状態であり、したがって無意識性の最高度は絶望の最低度と一致する。そこではそのような状態を絶望と名づけることが一般に正しいかどうかということさえも弁証法的な問題となりうる程である。

a、自分が絶望の状態にあることを知らないでいる絶望。換言すれば自分が自己というものを、しかも永遠的な自己というものを、もっているということに関する絶望的な無知。

それにもかかわらずこういう状態が絶望でありかつ正当にそう呼ばれうるということのうちに、好い意味で真理の独断とでも名づけられうべき事態が表示されている。真理はそれ自身と虚偽との判定者である。**Veritas est index sui et falsi.**(23) だが真理のこういう独断には人々は無論気づいていない、——いな一般に人間は真理との関係、すなわち自分が真理との関係のうちにあることを決して最高の善とは思っていない。したがってソクラテスのように、誤謬のうちに捉えられていることを最大の不幸であるとも考えていないのである。感性的なるものが人間においては大抵は知性より遥かに優勢である。そこでたとえば、真理の光に照して考えると実際は不幸なのにもかかわらず、或る人間が自分では幸福であると思いこんでいる場合には、彼は大抵の場合こういう誤謬から引離されることを決して望まない。逆に彼はそのことに憤りを感じ、自分をその誤謬から引離す人を最悪の敵と看なすであろう、――よく幸福を殺すということがいわれるが、彼もまたほとんど殺人に近い襲撃でも受けたくらいに思いこむのである。どこからそういうことが起るか？　それは感性的なるもの並に感性的＝情念的なるものが彼を全的に支配しているところから来るのである、彼が感性的なるものの範疇である快・不快の立場に生きていて精神とか真理とかいうようなものに訣別しているところから来るのである、――精神であることをあえてしかつそれに耐えるだけの勇気をもちうるためには彼はあまりにも感性的であるところから来るのである。一般に人々はいたずらに虚栄心があり自惚《うぬぼ》れが強いばかりで、しかも大抵は自己自身についてはほとんど何の観念をももっていない。すなわち彼等は自分達が精神でありないし絶対者である（人間は人間なりに絶対者に参与しうるのである）ことについての観念を全然もっていない、彼等はただお互に虚栄心があり自惚れが強いばかりである。例えばここに地下室と一階と二階とからなっている一軒の家屋があるとする、そして各階の居住者達の間に階級の区別があるものとしてないしそういうことを顧慮して住まうように設備されているものとする。いま人間の本質をそういう家になぞらえるとすると、困ったことには大抵の人間は自分自身の家でありながら好んで一番地下室に住みたがるという悲しむべきいな笑うべき現象が見出されるのである。いかなる人間も身心の綜合として精神たるべく創られている、これが彼の家の構造である。しかるに彼は地下室に住むことすなわち感性の規定のもとに生きることを好むのである。ただに地下室に住むことを好むだけではない、彼はそれに非常に愛著しているので、誰かが彼にいくらでも自由に使えるように空いている——実際彼は自分自身の家に住んでいるのである——のだから二階に住まったらどうかなどと忠告しようものなら感情を害するのである。

実際人間はまるで非ソクラテス的なことには誤謬のなかに生きていることを何よりもこわがらないのである。このことを途方もない程度に示している驚嘆すべき例を我々は見ることができる。或る思想家が巨大な殿堂を、全宇宙や世界史やその他一切のものを包括するような体系を、建造している、——さてしからば彼の個人的生活はどうかというに、驚くべきことには彼自身は高い円天井のあるこの巨大な邸宅には自分では居住していないで、自分は犬小屋か附属の物置か或いはせいぜい門番部屋に寝起きしているという実に戦慄すべきかつ笑うべき事実が見出されるのである。もし誰かが彼にたった一言でもこの矛盾に気づかせるようなことをあえていおうものなら、彼は気を悪くするであろう。一体彼は体系さえちゃんと出来上っておれば、誤謬のなかに住んでいることなどは恐れないのである、――いな彼は誤謬のなかに住んでいることを助けにして体系を完成するのである。

だから絶望者が自分の状態が絶望であるということを自分で少しも知っていないとしても、それは問題ではない、――彼は依然として絶望しているのである。もしも絶望が一種の迷いであるとすれば、自分が迷っていることに気づいていないということは、それだけまたその迷いの度を増すことになる。絶望に関する無知は不安に関する無知とちょうど似たような事情にある(ヴィギリウス・ハウフニエンシス著『不安の概念』参照)。そういう無精神的に安心しきっているのを見れば、そこに無精神性の不安が知られる。そういう状態の底にこそ不安がひそんでいるのである。ちょうどそれと同じように、無精神性の底にもまた絶望がひそんでいる。錯覚の魔法が破れ、現存在が動揺し始めるとき、その底にひそんでいた絶望が直ちにその姿を現わすのである。

自分が絶望していることに気づいていない絶望者は、それに気づいている絶望者に比して、真理と救済から要するに否定ひとつ分だけ遠ざかっているのである。絶望そのものは一種の否定性である、ひとがその絶望に気づいていないということはまたひとつの新しい否定性である。ところで真理に到達しうるためにはひとはあらゆる否定性を通り抜けなければならない。物語によれば、或る魔法を破るためには音楽を徹頭徹尾後からさかさまに奏さねばならなかった、それでないと魔法は破れなかったというが、そのことがここにもあてはまる。もっとも、自分の絶望に気づいていない人が、それに気づいておりながらなおそのなかに止まっている人に比して、真理と救済から遠ざかっているというのは、ただひとつの意味、純粋に弁証法的な意味においてだけそうなのである。というのは、また別の意味、倫理的＝弁証法的な意味においては、意識して絶望のなかに止まっているところの絶望者は、その絶望の度が一段と強いのであるから、それだけまた救済から遠ざかっている。けれども無知が決して絶望を止揚したりそれを絶望でなくしたりするのではないので、逆にそれは絶望の最も危険な形態たりうるのである。無知のなかで絶望者は或る程度まで絶望に気づくことがないように保護されてはいるが、——これがかえって彼自身の破滅となる、——それがすなわち絶望の支配下に保護されているということにほかならない。

自分の絶望に関する無知の状態においては人間は自己自身を精神として意識している状態から最も遠く隔っている。ところで自己を精神として意識していないというちょうどそのことが絶望であり無精神性である、——こういう状態はときとして完全な無気力の状態でもあろうし或いはまた単なる酔生夢死の生活ないしはまたかえって精力の倍化された生活であるかもしれない、とにかくその秘密は何といっても絶望である。この最後の場合には絶望者の状態はちょうど肺病患者の状態に似ている、——病気が最も危険な状態にあるちょうどそのときに、彼は一番気分が好いのであり、自分にはこの上なく健康のように思われ、おそらくは他人にもまた健康で輝いているように見えるのである。

この形態の絶望(ひとが自らそれと知らずして絶望していること)は世間では最も普通なものである。実際人々が世間と呼んでいるもの(或いはもっと正確にはキリスト教がこの世と呼んでいるもの、——すなわち異教徒並にキリスト教界内における自然人、換言すれば歴史的な意味での異教徒とキリスト教界の内部における異教徒)はそのような絶望にほかならない、——すなわち自分が絶望していることを少しも自覚していないような絶望である。もっとも異教徒もキリスト教界内の自然人と同様に、絶望している人間と絶望していない人間との間に区別を立てる。すなわち人々は絶望について、或る特定の人間だけが絶望しているかのように語るのである。けれどもこの区別は、異教徒とキリスト教界内の自然人とが愛と自愛との間に立てる区別と同様に欺瞞的《ぎまんてき》なるものである、——そこではあたかもこれらすべての愛が本質的にはことごとく自愛ではないかのように語られているのである。だが異教徒と自然人とはこういう欺瞞的な区別以上に進むことはできなかったしまたできもしない、——なぜというに自分が絶望していることを自覚していないというのがまさに彼等の絶望の特色なのだから。

ここからして我々は容易に何が絶望でありまたそうでないかを、〔才気があるとかないとかいうような〕審美的な意味での〔精神性ないし〕無精神性の概念を尺度として判定すべきでないことを理解することができる。一体これは全く当然のことなのである。精神が真実に何であるかということは審美的には規定せられえないのであってみれば、審美的なるものに対しては全然存在しないような問題に対して審美的なるものがどうして解答を与えうるはずがあろうか？　もしも我々が、全体としての異教諸国民並に個々の異教徒が、かつて詩人を感激せしめたようなかつは今後も感激せしめるであろうような驚嘆すべき事業を成就したということを否定しようと意図するとしたら途方もなく愚かなことであろう、――審美的にはどのように嘆賞しても決して嘆賞しきれないような幾多の実例を異教徒が提示しているという事実を、もしも我々が否定せんと意図するとしたら。更にまた最大の審美的享楽に充ちている生活――与えられるすべての賜物《たまもの》を最も趣味豊かな仕方で利用し、芸術や学問をさえも享楽を昂《たか》め美化し洗煉《せんれん》するために役立たしめるような生活――がかつて異教徒の間で営まれかつまた今我々の間の自然人によって営まれうるという事実を否定するとしたらこれもまた馬鹿である。いな、何が絶望でありまたそうでないかを判定する尺度を提供するものは無精神性についての審美的な意味での概念なのではない。精神についてのないしはまた(否定的にいえば)精神の欠如すなわち無精神性についての倫理的=宗教的規定こそが、その際使用せらるべき尺度なのである。自己を精神として知らないところのすなわち神の前に自己を個人的に精神として知らないところのあらゆる人間的実存、自己を自覚的に神の上に基礎づけることなしに、ぼんやりと或る抽象的な普遍者(国家・国民等々)のなかに安住ないしは没入していたり、或いはまた自分の自己についての自覚もなしに自分の才能をただ働きかけるための力としてだけ受取ってそれがより深い意味においてどこから与えられたかも意識することなく、もしまたその自己が内面的に理解せられるほかはないような場合にはそれをただ不可解な或る物としてだけ受取っているようなあらゆる人間的実存、すべてこういう実存は、よしそれが何を（よし最も驚嘆すべきことを）実現しようとも、よしそれが何を（よし全存在を）説明しようとも、よしそれが自分の生活を審美的にいかに強烈に享楽しようとも、それは結局絶望である。異教徒の徳は輝かしい罪悪であると昔の教父達が語った[24]ときにはちょうどこのことを念頭に置いていたのである、異教徒の最内奥が絶望であり異教徒は自己を神の前に精神として知っていなかったことを彼等は念頭に置いていたのである。そこからしてまた異教徒が自殺（ここではこれを単に一つの例として引合いに出すだけであるが、実はこれは同時に我々の研究全体に対してより深い関係をもっているのである）というものをきわめて気軽に考えていたいなそれを賞讃さえもした——自殺によって現存在から脱出しようとすることは実は精神にとっては罪の絶頂[25]（神への反逆）であるにもかかわらず——という注目すべき事実が現われてくるのである。

異教徒には自己というものの精神的規定が存在しなかった、異教徒が自殺をそういうふうに考えたのはそのためである、窃盗《せっとう》や姦淫《かんいん》等については倫理的に峻厳な判断を下したその同じ異教徒が自殺をそういうふうに考えたのは実にそのためである。異教徒には自殺を考察するための観点——神への関係並に自己——が欠けていた。純粋に異教的に考えるならば、自殺はどうでもいい或る物である、——それは他人には何の関係もないことなのだから各人が自分の気の向くままにやってのけて差支えのないような或る物である。異教徒の立場から自殺が戒《いまし》めらるべきであった場合には、まず自殺が他人に対する義務関係を破壊する所以を示すというような遠い廻り路をする必要があった。自殺は神に対する犯罪にほかならないという自殺の核心には異教徒は全然気づかなかった。だから我々は異教徒の自殺は絶望であるなどとはいうことができないのである（それは無分別な先後顚倒《てんとう》 hysteron proteron であろう）[26]、我々はこういわなければならない、——異教徒が自殺についで実際にああいうふうに考えたというそのことが絶望なのである。

にもかかわらず狭義における異教徒とキリスト教界内の異教徒との間には何といっても区別があるし、この区別はいつまでも残るだろう、それも質的な区別である。それはヴィギリウス・ハウフニエンシスが不安との聯関《れんかん》において注意したことのあるあの区別である、——前者は無精神性のなかで精神に近づこうとしているが、後者は無精神性のなかで精神から遠ざかろうとしている。それ故に最も厳密な意味での無精神性である。キリスト教界内の異教は精神からの堕落であり、

b、自分が絶望の状態にあることを知っている絶望。それでここではひとは自分が自己(したがってまた或る永遠的なるもの)をもっていることを意識している、そして絶望して自己自身であろうと欲しないか絶望して自己自身であろうと欲するかのいずれかである。

ここでは無論自分の絶望を意識している人が果して絶望についての真実の観念をもっているかいないかが区別されなければならない。それで或る人は彼のもっている観念からいえば自分を絶望していると呼ぶことが正しいかもしれない、それにまた彼が絶望しているというのは本当のことなのかもしれない、しかしそれだからといって、彼が絶望についての真実の観念をもっているということにはならないのである。もし我々が絶望についての真実の観念のもとに彼の生活を考察するならば、おそらく我々は彼にこういわなければならないであろう、——「君は君の考えているよりも本当は遥かに多く絶望している。君の絶望は実はもっと深い所にくいこんでいるのだ」。前述したことを想起してくるとすれば、異教徒の状態もまた同様である。もしも彼が他の異教徒と比較して自己自身を絶望していると看なすならば、自分を絶望していると考えているその点では無論彼の考えは正しいのであるが、他人を絶望していないと考えているその点では彼の考えは間違っている、——彼は絶望についての真実の観念を所有していないのである。

それ故に、意識的な絶望には一方に絶望の何たるかについての真実の観念が、他方に自己自身の状態に関する明瞭性——明瞭性と絶望とが聯関して考えられうる限り——が要求せられる。自己自身の状態に関する（すなわち自分が絶望しているということに関する）完全な明瞭性がどの程度まで絶望と結合せしめられうるか、一体或る人間の認識と自己認識とのかかる明瞭性がまさに彼を絶望から救い出してくれるはずなのではないか、かかる明瞭性が彼をして自己自身の前に戦慄せしめて絶望状態にあることに止《とど》めをささせるのではないか、このことを我々はここで決定しようとは思わないし、またこれらすべてのことに関する研究の場所が後章に見出されるはずであるから、ここではその問題に触れないことにする。思想をかかるぎりぎりの弁証法的な尖端にまで追求することなしに、ただ我々はいま絶望についての観念の程度が、したがってまた自分が絶望しているということについての意識の程度が、非常に違ったものでありうるということだけを注意しておく。現実の人生というものは単に自分の絶望を完全に意識していない無意識的な絶望と自分の絶望を完全に意識している意識的な絶望というような抽象的対立の間に動いているようなそんな単純なものではない。絶望者は大抵は自己自身の状態について、いろいろなニュアンスをもったなかば朦朧《もうろう》とした意識のうちに生きている。彼は或る程度までは自分が絶望していることを自分一人で知るに至る、ちょうど病気が自分のうちにあることに自分で気づくように彼は自分の絶望に自分自身で気づく。けれども彼はその病気が本来何であるかということを明らさまに認容しようとはしないのである。或る瞬間には彼には自分が絶望しているということがほぼ明らかになるのであるが、次の瞬間には自分の具合の悪い原因がどこかほかに自分の外のものにでもあるように思われてきて、それさえ取り除けられるなら絶望しないで済むだろうなどと考える。或いはまたおそらく彼は気散じないし気散じの手段としての仕事やせわしなさによって自分の状態を自己自身に対してはっきりと意識させないでおこうと努めるのであるが、その場合また彼は自分がほかならぬそういうことをするのは単に意識を曇らすためだという ことにはほとんど気づかないのである。或いはまた彼は自分がそのように活動するのは魂を朦朧たる状態に沈めておくためだということに気づいてさえもいるかもしれない、そしてそのことをおそらく一種の炯眼《けいがん》と怜悧《れいり》な打算と心理学的な洞察をもって遂行しさえもするかもしれない、それにしても他の意味では彼には依然として自分が何をやっているか、絶望して自分がどのような振舞いをしているかということが明瞭に意識されてはいないのである。というのは、一切の朦朧たる無知のなかでは認識と意志との弁証法的な合奏が行われているのであって、もしもひとが認識だけに重点をおいたりないしはまた意志だけに重点をおいたりすると、人間の解釈を誤まることにもなりうるのである。

ところで先にも述べたように、意識の度が絶望の度を強めるのである。或る人の絶望についての観念が真実であればあるだけ――しかもなお絶望のうちに止まっているとすれば――また彼が自分の絶望状態をいよいよ明瞭に意識しておればおるだけ――にもかかわらず依然絶望を放棄しないとすれば――彼の絶望の度はそれだけ強いのである。自殺が絶望であることを意識しつつ、その限り絶望についての真実の観念を抱きつつ、自殺するものの絶望は、自殺が絶望であることについての真実の観念をもたずに自殺するものの絶望よりも度が強い。これに反して自殺についてその人の観念が真実から遠ざかっておればおる程、彼の絶望の度もまたそれだけ弱いのである。他方また、自殺する人が自己自身に関して有する意識(自己意識)が明瞭であればあるだけ、それだけまた、その魂がもっと朦朧として混乱の状態にある人のそれに比して、その絶望の度は強いのである。

次に私は絶望の何たるかに関する意識の上昇並に自分自身の絶望状態に関する意識の上昇、或いは(要するに同じことであるが、これが決定的な点である)自分自身の自己についての意識の上昇を示しうるような仕方で、意識的な絶望の二つの形態を吟味しようと思う。さて絶望の反対は信仰でもある。そこで先に絶望が全然存在しない状態について掲げた定式はそのまままた信仰の定式でもありうる、——自己は、自己自身と関係しつつ自己自身であろうと欲するに際して、同時に自己を措定した力のうちに自己自身を自覚的に基礎づける(一のA参照)。

α、絶望して自己自身であろうと欲しない場合——弱さの絶望。

この形態の絶望が弱さの絶望と名づけられるとすれば、既にそのなかには、絶望して自己自身であろうと欲するところの絶望のもうひとつの形態(β)への反省が含まれている。だがこの対立は単に相対的なものである。全然強情がないならば絶望というものは存在しない。事実また自分自身で「ありたくない」という言葉のなかには既に強情が含まれている。他面絶望の最高の強情そのものにさえも全然弱さが存しないわけではない。それで両者の区別は単に相対的であるにすぎない。第一の形態はいわば女性の絶望であ

り、第二の形態は男性の絶望である。※

※　もし我々が心理学的に現実を展望するならば、このことの正しさ――これは正しく考えられたことであるから現実に適合しているに違いないしまた事実そうである――を折にふれて確証する機会をもつことであろうし、したがってまた、この分類が絶望の全現実を包括していることが確められるであろう。というのは、子供の場合には絶望ということはいわれない、せいぜい神経質というくらいのものである。なぜなら、永遠的なるものは子供のうちには単に可能的に kata dunamin 存在しているものと我々は前提しうるにすぎないからである。子供に対して永遠的なるものを要求する権利は我々にはない。大人に対してならそういう権利がある、大人は永遠的なるものをもつべきものなのだからである。それはそうとして、私は男性的絶望の諸形態が婦人のもとにおいても見出されうるし、逆にまた女性的絶望の諸形態が男性のもとにおいても見出されうることを否定しようとするものでは決してない、――だがそれらは例外である。いうまでもないことであるが、典型的なものは一般にごく稀にしかないものであり、男性的絶望と女性的絶望との以上の区別もただ純粋に典型的に捉えられた場合にのみ完全に真理なのである。女性が男性に比して柔らかい繊細な感受性をどのように多くもっていようとも、女性は利己的に展開された自己の観念も決定的な意味での知性ももちあわせてはいない。その反対に女性の本質は献身にある、女性がもしそうでないとしたら、それは非女性的なのである。実際不思議なことであるが、女性のようにつんととり澄ました(実際これは女性のために創られた言葉である)そしてほとんど惨酷

なまでに選り好みできるものはほかに誰もいない、にもかかわらず女性の本質は献身なのである、――実は（これが実に不思議な点である）これ等すべてが本来女性の本質が献身であることの表現なのである。というのは、女性が自己の本質のうちに全き女性的献身を担っているちょうどその故に、自然は好意的に女性に或る本能――その繊細さに比較したら発達の極致に達した男性的反省もほとんど無に等しい――を賦与したのである。女性のこの献身、女性のこの（ギリシア的に語るなら）神からの持参金、は盲目的に投げ棄てることを許されるにはあまりにも大きな財産である、――けれどもどのように透徹した人間的反省といえどもこの財産の適切な処分法を見出しうるほどに鋭い洞察力をもつことはできない。そこで自然が女性の保護の任にあたったのである、女性は盲目的に本能によって最も鋭い洞察力ある反省よりももっと明らかに見抜く、――彼女は自分が何を嘆賞すべきであり、どこに自分の身を捧ぐべきであるかを本能的に見抜くのである。献身は女性の有する唯一のものである。――その故に自然がその保護の任に当ったのである。女らしさが或る変化ののちに始めて起ってくるのもまたそのためである、――どこまでもとり澄ましていたものが女性的な献身へと変貌せしめられることによって、女らしさが起ってくるのである。さて献身が女性の本質であるということが、絶望のなかでも再び現われてきて女性の絶望の様態を規定する。献身において女性は自己自身を喪失している、かくてのみ彼女は幸福であり、かくてのみ彼女は彼女自身である。献身なしに（自分の自己を捧げることなしに！）幸福であるような女性は（その他の点で何に自分を捧げていようとも）完全に非女性的である。男性もまた自己を捧げはする。そしてそうしないような者は能なしの男である――けれども男性の自己が献身（これは女性的な本質的な献身を示す言葉である）であるというのでもなければ、また彼が自分の自己を献身を通じて獲得する（これは女性のもとでは或る別の意味において起る）というのでもない、――男性は自己自身をもっているのである。男性は献身はするが、自分の自己をいつも背後に残していて自分の献身をしらふに意識している、――それに反し女性は純粋に女性的に自分自身を、自分の自己を、自分の献身の相手方のなかに投げ出してしまうのである。もしこのことが彼女から取り去られるならば、彼女の自己もまた取り去られるのであり、かくて彼女の絶望は彼女はもはや彼女自身であろうとは欲しないという形態をとる。――こういうわけで男性は自己を捧げることをしない。そこで絶望の第二の形態――絶望して自己自身であろうと欲すること――において男性的なるものが表現せられる。

男性の絶望と女性の絶望との間の関係に関してはこれだけであるが、ただここでは神への献身についてないしは神との関係について（このことには第二編になって始めて論及される）語られているのではないことに注意して頂きたい。神との関係においては、――ここでは男性と女性との区別は消滅する――献身が自己であり、人間は献身を通じて自己を獲得するということは、男性にも女性にも同様にあてはまるのである。実際には女性は大抵はただ男性を通じてのみ神との関係のなかにはいりこむのではあるが、しかし上述のことは男性にも女性にも同じようにあてはまるのである。

1、地上的なるものないし地上的なる或る物に関する絶望。

これは純粋な直接性である、ないしは単に量的な反省を含んでいるにすぎない直接性である。そこでは自己についての、絶望の何たるかについての、ないしは自己自身の状態が絶望のうちにあるということについての無限なる意識が存在しない、――絶望は単なる受動的な悩み(外からの圧迫のもとに屈従していること)にすぎないので、決して内からの行為としては現われない。直接性の語る言葉のうちに「自己」とか「絶望」とかいう言葉が出てくるのは、いってみれば、言葉の無邪気な濫用《らんよう》にすぎない、――子供が兵隊ごっこをするような意味での言葉の遊戯である。

直接的な人間(もし全然反省の伴なわない直接性が現実に存在しうるとすれば)は単に情念的に規定されている。彼自身(したがって彼の自己)は時間性と世俗性の国の内部における或るものにすぎないので、「他者」to heteron との直接的な聯関《れんかん》においてあり、そのうちに何かしら永遠的なるものでも抱いているかのようなまぎらわしい外観を呈している。そこで自己は希望し意欲し享楽しつつ(等々)直接に「他者」と繋がっているのであるが、ただし、いつも受動的である、――意欲する場合でさえもこの自己はちょうど子供が自分のことをいうときみたいなものでいつも第三格である。彼の弁証法は、快と不快とであり、彼の概念は幸運・不幸・運命である。

さてこの直接的な自己に何かが遭遇される、彼は彼を絶望に陥れるような何かに衝き当るのである。ここでは別の仕方で絶望が起ることはありえない、――彼の自己は自己自身へのいかなる反省をも所有していないのであるから、彼を絶望に陥れるものは外から来なければならないので、絶望は純粋に外から受ける悩みでしかない。直接的な人間の生活の中心(或いは、彼がほんの少しでも反省を自分のうちに持ち合わしているとすれば、生活のうちの彼が特に頼みにしている部分)が「運命の打撃」によって彼から奪い去られるとする。彼は――彼がそういうように――不幸になる。すなわち彼は彼のうちなる直接性がもはや自分の力では恢復《かいふく》することのできないような打撃を蒙ることになる、――彼は絶望するのである。或いはまた(これは現実には比較的稀にしか見られないのではあるが、弁証法的には当然起るべきことである)直接性のかかる絶望は、直接的な人間があまりにも大きな幸運と呼んでいるものによって出現してくることがある。直接性というのはそのものとしては或る途方もなく脆《もろ》いものなので、直接性に反省を要求するような「度を超えたもの」quid nimis はすべて直接性を絶望に陥れるのである。

かくて彼は絶望する、というのは、奇妙な顚倒《てんとう》と完全な自己欺瞞《ぎまん》によって、彼はそれを絶望と名づけるのである。けれども絶望とは永遠的なるものを喪失することである、――彼はこの喪失について語ることをしない、いなこの喪失のことなど夢想だにしないのである。地上的なるものを失うことは絶望ではない、――ところが彼の語るのはそのことについてであり、そして彼はそれを絶望と名づけるのである。彼の語ることは或る意味では真である、ただし彼がそれを理解しているような仕方で真なのではない。彼の立場は顚倒している、そこで彼の語ることもまた顚倒さして理解されなければならない。彼はそこにおり、何等の絶望でもないようなものを指さして、自分は絶望していると語っている、――ところが実は全くその通りなので絶望が彼の知らぬまに彼の背後で起っているのである。それはちょうど誰かが市役所と裁判所に背をむけて立っていて、自分のまっすぐ前を指さしながら「ここに市役所と裁判所がある」と語るようなものだ。彼のいうことに間違いはない、市役所と裁判所はたしかにそこに立っている、――ただし彼がまわれ右をしさえすればだ。もともと直接的な人間は絶望してはいない、しかし彼が自分は絶望していると語るときその言葉にも若干の真理は含まれている。彼が自分を絶望していると語るとき、彼は自分自身をいわば死んだもの、自分自身の影だと考えている。ところが彼は実は死んでいないのである、いってみれば彼のうちにはまだ息が残っている。もしも突如として一切がその姿を変え、〔彼を絶望へと追いやった〕一切の外的なものが消え失せ、彼の願いがみたされることにでもなれば、彼は再び甦《よみが》えるであろう。直接性は再び立ち上って、生々と活動を始めるのである。絶望して気絶すること、――これが直接性の唯一の戦術であり、彼の知っている唯一つのものである。ところが絶望の何たるかについては彼はほとんど知るところがない。彼は絶望して気絶し、死んででもしまったかのように音もなく横たわる、――「死んだふりをする」という演技にもなぞらえられよう。地上に静かに横たわって死んだふりをする以外には何の武器も防衛手段をももたない或る種の下等動物がいるが、直接性はどこかそれに似ている。

やがて時がすぎてゆく。もし外からの助けが訪れることでもあれば、絶望者のなかに再び生命がもどってくる。彼は自分がやめていた所から始める。彼は自己ではなかったし、またそれになりもしなかった。彼は単なる直接的な規定性のままに生きつづけてゆく。もし外からの助けが訪れてこないような場合には、実際には普通もっと別のことが起ってくる。その場合にも絶望者のなかに再び生命がもどってくることには変りはないが、しかし彼は「自分はもう二度と自分自身になることはあるまい」と語るのである。さて彼は少しばかり人生を理解することを学ぶ、ほかの人達はどうやって生きているかに注意してその人達の真似をすることを学び、――さてこれからはちょうどそんなふうに生きてゆく。キリスト教界にあっては彼はまた同時にキリスト教徒である、彼は日曜毎に教会にゆく、牧師の説教をききかつ理解する、いや、彼等の間には諒解が成り立っているのだ。彼は死ぬ。牧師は十ドルをもらって彼を不死の世界に導いてやる、――ところが彼は自己自身ではなかったのだ、彼は自己にはならなかったのだ。

この形態の絶望は、絶望して自己自身であろうと欲しないことである、――或いはまた、もっとさがって、絶望して一般にもはやいかなる自己でもあろうと欲しないことである、ないしはまた、これは最低だが、絶望して自己自身とはもっと別の人間でありたいと欲すること、新しい自己でありたいと願うことである。もともと直接的な人間はいかなる自己をももってはいない、彼は自己自身を知ってはいない、したがってまた自己自身をそれと見わけることもできない、そこでまた彼の生涯はややもすると冒険に終ることにもなりがちなのである。その直接的な人間が絶望するにいたる場合には、（もしかしたら自分のならなかったものに或いはなりえたのかもしれない）と夢みたり願ったたりするに足るほどの自己さえもはや彼のもとにはない。そこで彼は別の手段に訴える、――彼は全く別の人間になりたいと願うのである。このことは直接的な人間達を観察するならば、容易に確められうるであろう、――絶望の瞬間においては、別の人間になっておったらとか別の人間になれたらとかいう願いほど彼等に近いものはまたとないのである。いずれにしてもそのような絶望者を前にしては、ひとは微笑を禁ずることはできない、――というのは、人間的な意味では、彼はそのあらゆる絶望にもかかわらず、全くもって無邪気なのである。大抵の場合そのような絶望者は無限に喜劇的である。或る自己(神の次には自己ほど永遠的なものはまたとない)のことを考えてみられるがいい、――この自己があるとき、誰か別の(自分とは別の!)人間にならして頂くわけにはいかないものか頼んでみようということを思いついたとするのだ。ところでこの絶望者(彼の唯一の願いはあらゆる変化のうちでも最も気違いじみた変化を遂げることである)たるや、そういう交換はあたかも上着を取換えるみたいに簡単にできるものだというふうに思いこむことが大好きなのである。というのは、直接的な人間というものは自己自身を知っていない、彼は自己自身を全く文字通りに上着だけで知っているにすぎない、彼は自分のもっている自己というものをただ外面性だけで認識している(ここにまた無限の喜劇性が現われてくる）のである。たしかにこれ以上滑稽な混同というものはそうめったにあるものではない。なぜなら自己というものこそ外面性とは無限に異なったものなのだから。ところでその外面性の全体が変化したために直接的な人間は絶望に陥ったのであるから、彼は更に一歩を進めていわばこんなふうに考える、彼の願いはこんなふうなものとなる、——「もしおれが全く別の人間になるとしたらどんなものだろう？新しい自分を新調するとしたら？」さてもし彼が別の人間になるとしたら、いったい彼は自分を見わけることができるものだろうか？　或る農夫の物語がある。彼ははだしで街にやってきたが、沢山のお金がはいったので、靴も靴下も買うことができたし、それでもまだ沢山残ったので、心ゆくまでお酒を飲むこともできた、——さて泥酔して家路につきはしたが、やがて車道のまんなかに横になって眠りこんだということである。そこに馬車がやってきた。馭者はその男に呼びかけて、そこをどけ、さもなければお前の足の上をひいて通るぞ、と叫んだそうな。泥酔した百姓は目を覚まして、おもむろに自分の足を見たが、靴下と靴のせいでそれが自分の足とは気づかなかったので、「通れ、通れ、これはおれの足じゃないわ」といったということである。直接的な人間が絶望している場合もまたこれと似たようなものである。彼をありのままに描き出そうとすれば滑稽味を欠くわけにはいかない。いまのような調子で自己や絶望について語ることは、もしあえてこういってよければ、それ自身既に一種の演芸だともいえよう。

さて直接性がそれ自身のうちに一種の反省を含んでいるものと考えてみよう、――そうすると絶望の形がやや変ってくる。そこには自己についての少しばかり多くの意識が発生してくる。それとともに絶望の何たるかについての更には自己自身の状態が絶望であるということについての少しばかり多くの意識が発生してくる。そこでそのような人間が自分は絶望していると語るときには、その言葉のなかに何等かの意味があることになろう。しかし彼の絶望は本質的には弱さの絶望なのであり、すなわち受動である。絶望して自己自身であろうと欲しないというのがその絶望の形態である。

絶望がいつも外からの衝撃・事件によって生起するのではなしに、同時にまた単なる反省によっても惹《ひ》き起されうるという点に、純粋な直接性に比してこの立場における進歩が存するということは直ちに明らかであろう、――そこでもしここでの絶望がそういう事情にあるとすれば、それは単に外的な諸関係によってひきおこされたただの受動的な挫折にすぎないものなのではなしに、或る程度までそれは自発的な働きであり、行為である。ここにはたしかに或る程度の自己自身への反省、自分の自己に対する或る程度の省察が存する、——或る程度のかかる自己内反省とともに分離の作用が始まり、それとともに環境と外界とその影響から本質的に独立したものとしての自己自身に自己が着目するに至るのである。けれどもこれは単に或る程度まで起るにすぎない。自己が自己自身への或る程度の反省によって自己を身に引受ける心構えをするときに、それは自己の構造における、自己の必然性における、いわばこのもしくはあの困難に衝《つ》き当るのである。というのはいかなる人間的な肉体も完全な肉体ではないように、いかなる自己も完全な自己ではない。この困難の前に（それが何であろうと）人間は尻込みする。或いはまた彼の直接性を深刻に動揺せしめるような或ること、自己自身への彼の反省がなしえたよりももっと深刻に彼の直接性を動揺せしめるような或ることが彼に起ってくる。多分はまた彼の想像力は、もしもそれが出現するならば同じように直接性との絶縁を意味するであろうようなそういう可能性をも発見するのである。

かくて彼は絶望する。彼の絶望は弱さからの絶望（自己の受動的な悩み）であって、自己主張の絶望とは反対のものである。けれども彼は自分のもっている相対的な自己内反省の助けを借りて自分の自己を守ろうと努力する（この点でまた純粋に直接的な人間と異なる）。彼は自分の自己を捨て去ることはとにかく大変なことだということを理解しているので、直接的な人間のように脳溢血《のういっけつ》的に衝撃を受けることはない。多くのものを失ってもなお自己を失わないでいることがありうることを彼は反省の助けを借りて理解している、――彼は自分の自己を或る程度まで評価する心構えになっている。なぜであるか？　彼が或る程度まで自分の自己を外界から切断しており、自己のうちには何かしら永遠的なものがきっと存在しているに違いないという漠然とした観念をもっているからである。ところでこうした努力も結局は無益である。というのは彼を躓《つまず》かせた困難が彼に対して一切の直接性との絶縁を要求するのであるが、それに応じうるためには彼には十分な反省ないし倫理的な反省が欠けている。彼は一切の外的なるものからの無限の抽象によって獲得されるところの自己についての意識をもっていないのである、――この自己は直接性における被覆《ひふく》せられたる自己とは逆に赤裸々な抽象的な自己として無限なる自己の最初の形態であり、自己が自分の現実的な自己をその諸々の難点と長所をも含めて無限に身に引受けるところの全過程における推進力である。

かくて彼は絶望する、そして彼の絶望は彼自身であろうと欲しない点に存する。けれども彼は無論別の人間になりたいなどという笑うべきことには思いつかない、彼は自分の自己に対する関係をまっすぐに保っている、その限り反省が彼を彼の自己に結びつけているのである。だがその場合彼は自分の自己に対していわば単に自分の家に対するような関係をとっている(自己の自己自身に対する関係は、誰かが自分の家に対してもちうるようなああいう全く皮相な関係ではないのだという点に、喜劇性が成立する)。自分の家が何等かの事情で(ストーヴが煙る等々)不愉快になると、彼は外に出て行く、——無論完全に立ち去るわけではないし、別の新しい家を借りるつもりでもないので、彼がその古い家を依然として自分の家と思いつづけていることには何の変りもない。ただ彼は自分の家が再び気持好くなるまで外で待っているのである。絶望者の場合もちょうどそのようなものである。困難な状態がつづいている間は、彼はあえて自分自身のもとにやってこよう(日常のこういうもののいい方には、不思議に含蓄がある)とはしない、彼は自分自身であろうとは欲しないのである。しかしそういう状態もやがては過ぎ去るであろう、おそらくは事情が一変し、暗い可能性が消え失せ、やがて忘れ去られるであろう。そのときがくるまで彼はときどきいわば自分のもとに訪ねていって何等かの変化がそこに起っていないかをたしかめてみるのである。その変化が起ったとなると、彼は再び自分の家にもどってゆく。彼は再び彼自身となった、——こう彼はいうのだが、それは要するに、彼がもとやめていた所からもう一度始めるというだけのことである。或る程度までは彼は一種の自己であった、しかしそれ以上のものには彼は決してならなかったのである。

さてどういう変化も現われてこないとなると、彼は違った仕方で策を講ずる。真実に自己となるためには内面への方向をどこまでも追求せねばならぬのであるが、彼はこの内面への方向から完全にそれることになる。より深い意味における自己に関する全問題は、彼の魂――この背後には実は何もないのだが――の背景における一種のよろい戸となる。彼は自分の自己を受け入れる、すなわち彼が自分の言葉で自己と名づけているもの、すなわち彼に与えられているであろう彼の素質・才能等々を受け入れる。けれどもこれ等すべてのものを彼は外の方向に向って受け入れるのである、――実生活（そう人々は呼んでいる）のなかに、現実の活動的な生活のなかに彼は方向をとるのである。自分のうちに持ち合わしている僅かばかりの反省を彼はきわめて慎重に取扱う。背景にひそんでいるものが、もう一度擡頭《たいとう》してきはしまいかと彼はびくびくしているのである。そこでそれを徐々に忘れ去ることに成功する。やがて年月が経つにつれて、そんなものはほとんど笑うべきものだとさえ考えるようになる、――ことに彼が実生活に関してセンスと能力をもちあわしているような有能な活動的な人達と仲よく交わっているときには特にそうである。すばらしいことではないか！　彼は今やちょうど小説のなかにあるように既に数年来幸福な結婚生活を送っており、活動的な企業的な人間であり、父であり市民であり、おそらく偉人でさえもある。家にあっては傭人達《やといにん》に対しては「旦那様」であり、町では名望家に属している、彼は人格者として登場し、人格者としての声望を張り、人格者としての声望を享楽している。キリスト教界にあっては彼はキリスト者であり〔異教世界にあっては異教徒であり、オランダにあってはオランダ人であるというのと全然同じ意味で〕、教養あるキリスト者のうちの一人である。そのほか彼は不死の問題にも携《たずさわ》っている、そして一度ならず牧師に一体そういうものが存在するのか、人間は真実に未来において自分で自己を再び認めうるであろうかということを問うたこともあるのである、——事実またこれは彼が特別に関心をもたなければならないことである、なぜというに彼は〔永遠の世界において再び認めうるような〕自己をもっていないのであるから。

こういう種類の絶望を或る程度の諷刺を加えることなしに真実に描写することは不可能である。誰かがもし自分はかつて絶望していたことがあるなどというとしたら、これは喜劇的なことである、——その人が自分では絶望を克服しているつもりでいても、実はその人の状態こそ絶望にほかならぬとしたら、これは戦慄すべきことである。というのは世間で非常に賞讃されている世才、すなわち立派な忠告や賢明な処世訓（人間は時勢に適合しかつ自分の運命に服従し、自分の力でどうにもならないことは忘るべきものであるというようなこと）等の途方もない寄せ集めの根柢には、危険がそもそも何であり一体どこに存するものかをも知らないような徹底した愚鈍（理念的にいって）が潜んでいるということは、無限に喜劇的である。同時にまたかかる倫理的愚鈍こそは戦慄すべきものなのである。

地上的なるものないし地上的なる或る物に関する絶望は最も普通の種類のものである、特に一定量の反省を伴った直接性としての第二形態のもとにあるものはそうである。だが絶望が徹底的に反省されてくればくる程、それは世間にはいよいよ稀にしか見出されなくなってくる。しかしこれは単に大抵の人間はその絶望において特に深刻になるということさえないということを証示しているだけのことで、決して彼等が絶望していないということを意味していない。単に或る程度だけでも精神の規定のもとに生きているような人間というものは非常に少ない、いな、そういう生活を試みようとする人さえ決して多くはない、そしてそれを試みる人達のうちでも大抵はじきにまたそれから離れ去ってゆくのである。彼等は恐怖と当為とを学んだことがなかった、何ごとが起ろうとも彼等は無頓着、限りなく無頓着だったのだ。だからして彼等は、自分の魂のために配慮するだの精神たらんと欲するだのというようなことには耐えることができないのである。そんなことは矛盾なのではないか。世間の鏡に照らしてみればその矛盾はいよいよもって極立ってくるのではないか。そんなことは世間の眼から見れば一種の暇つぶし、それも宥《ゆる》すべからざる暇つぶし、できるならば市民の掟《おきて》によって罰せられねばならないものなのではないか？　少くとも、人間に対する一種の裏切り、気狂いのように時間を空費する傲慢な狂気として、嘲笑と軽蔑とをもって処罰せらるべきものなのではないか？おそらく彼等の生涯のうちにも彼等もまた内面への方向をとって進む瞬間（これが彼等の最上の時である）がありはする。そして彼等はほぼ第一の難関の辺りまでやってくる、だがそこで彼等は路をそれるのである。この路は彼等には慰藉のない荒野に導くように思われる、——「されど周囲には美しき緑の牧場あり。」(27)それで彼等はこの方に路を転じて、すぐに彼等の最上の時を忘れるのである、——ああ、彼等はそれがまるで子供の遊戯にでも過ぎなかったようにそれを忘却し去るのである。それでも彼等はキリスト者であり、彼等の祝福については牧師に安心を与えられている。既に述べたように、こういう絶望は最も普通の種類のものである。それがきわめて普通なものであるというところから、絶望は単に青年の間にだけ起ることで専ら青年期にのみ見られる現象であり、成熟した壮年の人々には存在しないというようなかなり広くゆきわたっている見解が説明されてくる。だがこれは絶望的な見当違いである、いなむしろ絶望的な看《み》のがしである。これは大抵の人間がその全生涯において本質的には彼等が既にその少年ないし青年時代に到達していた立場——すなわち少量の反省を加味した直接性の立場——以上に進めるものではないことを看のがしている。——そうだ、もっと悪いことには、それが看のがしているところのこのものは人間について語られうるほとんど最上のものだ（というのはもっと悪いことがしばしば起りうるから）ということをもそれは看のがしている。——いな、本当は絶望は単に青年のもとにのみ見出される或る物なのではない、「あたかも幻影から脱け出る」ように人々が自らそこから脱け出てゆくような或る物なのではない。一体人々は決して幻影から脱け出はしないのである、——自分では脱け出たつもりでいるほど人々は愚かではあるが。むしろ反対にまるで少年か少女のように子供じみた幻影を抱きつづけている大人の男女や老人が見受けられるのである。その本質上幻影の二つの形態すなわち希望の幻影と想起の幻影とが存在することを人々は看のがしている。青年は希望の幻影をもち、老人は想起の幻影をもっている、――だが老人はまさしく幻影のうちにあるのだから、幻影について全然一面的な観念をもっていて、ただ希望の幻影だけがあると考えている。実際また当然のことだが老人は希望の幻影に苦しめられることはない、その代り老人は幻影のないより高い立場――老人は自分でそう思いこんでいる――から青年の幻影を見下しているという滑稽な幻影に特に苦しめられている。青年が人生並に自己自身について並はずれた希望を抱いているときは、彼は幻影のうちにある。その代り老人はまた老人でその青年時代を想起する仕方のなかでしばしば幻影に捉えられているのを我々は見るのである。自分ではいまやあらゆる幻影を放棄したと思いこんでいる年老《と》った婦人が、少女時代を想起するとなると、まるで若い乙女のように空想的に幻影のなかに生きていることがよくあるものである、――乙女の頃は自分はどんなに幸福であったか、どんなにきれいであったか、等々。我々が老人の口からよく聞くところのこの「過去形」は青年の未来形と同様に大きな幻影である、――彼等はともに嘘をいっているないしは詩を語っているのである。

ところで絶望はただ青年期にのみ固有なものであるというような見当違いにいたっては、これは全く絶望的である。これこそは大たわけであり、精神の何たるかに関する無理解そのものである。更にまたそれは人間が精神であって単なる動物的存在ではないということを看のがしているので、信仰や智慧《ちえ》というものは歯や髯《ひげ》などのように年とともに自ら成長してゆくもので容易に手にはいるものだと思いこんでいるのである。いな、たとい何に人間がこのようにひとりで到達できようともないしはまた何がこのようにひとりでに人間に具《そな》わってこようとも、信仰と智慧というこのものだけは断じて自ら具わってくるなどということはない。一般に精神的な事柄に関しては人間は年とともに自ら何物かに到達するということはない(「自ら」ということこそ最も鋭く精神に対立するものである)、その逆に精神に関しては人々は年とともに自ら何物かを失うということがきわめて容易に起るのである。おそらく人々は年とともに自分のもちあわしていた僅《わず》かばかりの熱情・感情・想像力と僅かばかりの内面性を失う、それから人々は無論また自ら(このことは自ら起る)何物かに――すなわち世間人特有の処世術に到達するのである。善くなったつもりでかえって悪くなっているというこという「改良された」状態に人々は無論年とともに到達するのであるが、さて絶望せる人間はこれを一つの進歩と看なしている。絶望するということは自分には今後決して起りえないだろうということ(或る諷刺的な意味では実際これほど確かなことはまたとないのだが)を彼は容易に確信させられる。いや、この危険は確に彼にはもはや迫ってこない。というのは彼は既に絶望のなかに、無精神的な絶望のなかにあるからである。一体ソクラテスが青年達を愛したというのはそもそも何の故だったのだろうか、——もしも彼が人間のことをよく知っていたというためでなかったら！

人間が年とともに最も陳腐な種類の絶望のなかに陥ちこむということが必ずしもそうと限ったことではないとしても、だからといって絶望はただ青年期にのみ固有なものだという帰結はそこから出てこない。もし人間が実際に年とともに発展して、自分の自己についての本質的な意識へと成熟してゆくものとすれば、それとともにより高い形態の絶望の可能性もまた発生してくる。もし彼が年とともに本質的に発展することなく、他面また彼が全然陳腐な状態のなかに陥ちこむということもなく、したがって彼がたとい大人になり父になり白髪になってもほとんど青年のままの状態に止まっているとすれば、そして青年の良さのいくぶんかをもなお保持しているとすれば、彼は青年のように地上的なるものないし地上的なる或る物に関して絶望するという危険にも実に曝《さら》されたままでいるのである。

無論老人の絶望と青年の絶望との間には区別が存在しうる、——しかしそれは本質的なものではなく、純粋に偶然的なものにすぎない。青年は未来的なるものに関してあたかも未来的現在 Präsens in futuro に関するかのように絶望している、――そこには彼が身に引受けることを欲しないところの、それによっては彼は彼自身であることを欲しないところの或る未来的なるものがある。老人は自分がそこから脱け出すことのできなかった過去的なるものに関してあたかも過去的現在 Präsens in praeterito に関するかのように絶望している、――というのは彼はまだ過去を全然忘れてしまうことに成功しうるほどに絶望していたわけではないのだから。この過去とはおそらくは彼がそれを本当は懺《ざん》悔《げ》せねばならなかったような何かでさえもあろう。だがもし懺悔するとなると、それには先ず以て根本から絶望せねばならぬことになる、徹底的に絶望しぬかなければならぬことになる。そうなれば精神の生活は根柢《こんてい》から破れ去ることになろう。だが、たとい絶望しているにしても、そこまでは彼はものごとを徹底させる気にはなれない。そこで彼は同じ場所に立ちとどまる、そうして時が過ぎてゆく、――彼が更に絶望的になって、忘却の力を借りてその過去をいやすことに成功するのでない限りは。しかしまたこれに成功すれば、彼は懺悔者たることの代りに自己自身の隠匿者《いんとくしゃ》ということになろう。ところでそのような青年の絶望とそのような老人の絶望とは本質的には同一のものである、

——両者のいずれの場合にも、その形態の転換(かかる転換によって自己のうちに永遠者の意識が発現し、絶望がもっと高い形態にまで強められるかそれとも信仰にまで導かれるかというこれかあれかの戦いが始まりうるに至る)にまでは至らないのである。

それにしてもこれまで同義的に用いられてきた二つの言葉、——地上的な或る物に関する絶望(個体的なるもの)と地上的なるものそのものに関する絶望(全体規定)との間には本質的相違が存するのではないか? 確にその通りである。自己が想像力の無限の熱情をもって地上的なる或る物に関して絶望する場合、この無限の熱情が個体的なるもの、この或る物、を全体としての in toto 地上的なるものに化するのである、——すなわち全体規定は絶望者のなかに存するのであり絶望者に帰属している。地上的なるものと時間的なるものとは、その本性上、まさしく或る物・個体的なるものへと分散する所以のものにほかならない。人間が実際に一切の地上的なるものを喪失したりないしはそれを奪われたりするということは不可能である、なぜというに全体規定とは一種の思惟規定だからである。したがって自己がまずもって現実的な喪失を無限にまで昂めるのであり、ついで自己は全体としての地上的なるものに絶望するのである。ところでこの区別(地上的なるものに関する絶望と地上的なる或る物に関する絶望との間の)が本質的に強調せ

すぐ次の形態を示す最初の弁証法的な表現なのである。絶望のらるべきものとせられるやいなや、自己についての意識のうちにもまた本質的な進展がなされることになる。「地上的なるものに関する絶望」という定式は、そこで、絶望の

2、永遠的なるものについての絶望ないしは自己自身に関する絶望。

地上的なるものないし地上的な或る物に関する絶望は、それが絶望である限り、本来的にはまた永遠的なるものについての絶望並に自己自身に関する絶望である、――なぜというにこれが実にあらゆる絶望に対する定式なのであるから。※けれども絶望者は、前に述べたように、いわば彼の背後に起っていることに気づいていなかった。彼は地上的なる或る物に関して絶望しているつもりでおり、いつも自分がそれに関して絶望しているものについて語るのであるが、実は彼は永遠的なるものについて絶望しているのである、――というのは彼が地上的なるものにかくも大きな価値を置くこと（もっと詳しくいえば、彼が地上的なる或る物に非常に大きな価値を置いて第一にそれを地上的なるものの全部のように考えること、第二に地上的なるものそのものに非常に大きな価値を置くこと）、それがすなわち永遠的なるものについて絶望していることにほかならない。

※　だからして言葉使いを正確にしようとすれば、地上的なるものに関して über 絶望する（機縁）、永遠的なるものについて am 絶望する、というふうに使いわけねばなるまい。ところで自己の場合は、自己自身に関して絶望するとなる。なぜというに後者はそれ自身さらに絶望（これは概念上からすればいつも永遠的なるものについての絶望である）への機縁を示しているもう一つの表現なのである。ところがひとがそれに関して絶望しているところのものは実に種々雑多のものでありうる。ひとは彼を絶望のなかにおいやるものに関して絶望する、――彼の不幸に関し、地上的なるものに関し、おのが財産の喪失に関し、等々。ところがついてという場合には、彼を、本来的な意味では、絶望から救い出してくれるものについて絶望するのである、――永遠的なるものについて、おのが救済について、おのれ自身の力について、等々。自己の場合には、自己自身に関してそして自己自身について絶望するというふうに両方ともいわれうる。なぜというに自己は二重に弁証法的だからである。ここにあいまいさが存する。このあいまいさは特に低度の絶望のすべての形態のうちに、更にはほとんどすべての絶望者のうちに見られる。絶望者は自分がそれに関して絶望しているもののことは熱情的な明瞭性をもって見かつ知っているのであるが、それについて絶望している当のものには注意しない。あらゆる場合、救済のための条件はいまいった「ついて」の面への転廻である。だから純粋に哲学的にいえば、いったい或る人間が自分がそれについて絶望している当のものに関する完全な意識をもって絶望することが可能なりやいなやということは微妙な問題となろう。

さてこの絶望には注目すべき進展が見られる。これまでの絶望は弱さの絶望であったのであるが、現在のそれは自分の弱さに関する絶望である、——にもかかわらず、それはなおβ(強情)の絶望とは区別されて、いつも弱さの絶望という本質規定の内部にとどまっている。そこでここに見られるものはただ次のような相対的な区別だけである。これまでの形態では自分の弱さの意識が究極のものとされていたが、ここでは意識はそれにとどまることなく、自分の弱さについての一つの新しい意識にまで昂められてきている。絶望者は、自分がかくまでに地上的なるものを気にしているのは弱さのせいであり、そもそも絶望することが弱さのせいであることを、自分で理解している。ところが方向を正しく旋回して絶望から信仰に到達し、自分の弱さの故に神の前にへりくだることの代りに、そのような人間は絶望のなかに更に深入りして、自分の弱さに関して絶望するにいたるのである。これによって全視点が転換される。いまや絶望者は、自分が永遠的なるものについて、すなわち自分自身に関して、絶望しているのであること、自分は地上的なるものにあんなに大きな意味を賦与《ふよ》するほどに本当に弱い人間であったということ、に気づいている。ところがいまや絶望者にとってはまさしくそのことが、自分はもう永遠的なるものと自己自身とを失ってしまっているのだという事実を示す絶望的な表現となるのである。

ここには度の昂まりが存する。第一に、自己についての意識のうちにそれが見られる。というのは、永遠的なるものについて絶望するということは、自己についての観念——自己のうちには何かしら永遠的なるものが存するということ、ないしはまた自己が何かしら永遠的なものを自己のうちにもっていたということ——を有することなしには不可能である。また人間が自己自身に関して絶望しうるためには、彼は自分が自己をもっているということをも意識していなければならぬはずである。ところで彼がそれに関して絶望している当のものは、地上的なるものないしは地上的なる或る物なのではなしに、自己自身なのである。つぎに、ここには絶望の何たるかについてのより高い意識が見られる、——というのは、全く正当にも、ここでの絶望は、永遠的なるものと自己自身とを失ったということとなのだから。それに当然のことだが、彼のおいてある状態が絶望であるということについてもより高い意識が見られる。更にまた、ここでの絶望は単なる受動的な悩みなのではなしに、ひとつの行為である。というのは、自己から地上的なるものが奪い去られたために人間が絶望するという場合には、とにかくもその絶望は外からでもきたかのように——実際はそれはいつも自己自身からくるのだが——みえる。ところが自己がこのような自分の絶望に関して絶望するという場合には、この新しい絶望は自己から、直接的＝間接的に自己から（というのは、全然直接に自己からやってくる強情と、この点が異なっている）、反動としてやってくるのである。最後に、ここにはまた、或る別の意味においてではあるが、更に一歩の前進が見られる。それというのは、この絶望は度が更に強まっているだけに、或る意味では、それはかえって救済に一歩近づいているのである。そのような絶望は容易に忘れ去られることができない、忘れ去られるにはそれはあまりにも深いのである。ところが絶望が開かれたままになっているあらゆる瞬間に、救済の可能性もまたそこにあるのである。

それにもかかわらず、この絶望は、絶望して自己自身であろうと欲しないという形態へと還元せられる。ちょうど父親が自分の息子を勘当するときのように、自己はそのように弱くなってしまった自己を自己自身であると認める気にはなれない。自己は絶望のままにこの弱さを忘却することができない、自己は或る意味で自己自身を憎んでいるので、もう一度自己自身を獲得するために自分の弱さの足もとに信頼して自分をへりくだらせるというような気持にはとてもなれない。いな、彼は絶望のままに、いわば自分のいうことには少しも耳を傾けようとはしないのである、自分のことは何も知ろうとはしないのである。けれども彼が忘却によって救われるということ、彼が忘却の助けを借りて無精神性のなかに忍び込み、そしてほかの人間やキリスト教徒と同じように暮すということ、そういうことはもはや問題にはなりえない、――そのためには自己は既にあまりにも自己なのである。ちょうど自分の息子を勘当した父親の場合によく起るようなことがここでも見られる。〔息子を勘当したという〕外的な事実は父親にとってほとんど何の役にもたたない、それによって息子から解放されたのではなしに彼は依然として息子のことを想いつづけるのである。それはまた恋人が憎い人(すなわち恋しい人)を呪う場合にも似ている、呪いはあんまり役にはたたない、それによってかえって恋人はその人にいよいよ強く縛りつけられるのである、――絶望せる自己の自己自身に対する関係もまたこのようなものである。

この絶望は質的に一段だけ前のより深くなっている、そして世間では稀にしか見られない種類のものである。前に、その背後には何もないよろい戸のことを話しておいたが、この場合にはそれは本当の扉で、無論これは用心深く閉ざされている。その背後にはいわば自己が坐していて自己自身を凝視している。彼は自己自身であろうと欲しないことを仕事として時間をすごしているのであるが、それでいてその自己自身を愛しているほどに十分に自己なのである。これが閉鎖性とよばれる。(28)これからわれわれはこの閉鎖性にたちむかうことにする。これは直接性のちょうど反対であり、また直接性を、特に思想の領域においては、ひどく軽蔑している。

ところでそのような自己は、現実の社会のなかにはいないでいわば現実から逃避して荒野や修道院や瘋狂院のなかにでもいるのであろうか？　彼は、ほかの人と同じようにやはり着物をき、ないしはほかの人と同じように慣習通りの外套にくるまっているところの現実の人間ではないのだろうか？　彼だって同じことなのだ！　どうしてそうでないことがあろう！　ただし彼は自分の自己のことだけは誰にも、たった一人の人にもうちあけない。彼はうちあけようとするようなそんな要求を感ずることがない。いな、彼はまたそれを抑制する術を学んだのである。まず彼自身がそれについてどのように語るかを聞いてみるがいい！「要するにこの人達は純粋に直接的なだけの人間である、こういう人達は、精神の点から見ると、小児期の第一期にある子供と大体同じようなもので、全く愛らしいうち解けた態度で何もかもしゃべってしまう。この人達は何事も全然自分の胸に蔵《おさ》めて置くことのできない純粋に直接的なだけの人間なのだ。しばしば非常な自負心をもって自分は『真理』であると名乗るものはこの種の直接性である、――隠し立てをしないとかありのままの人間であるとか少しも表裏がないとか、そんなことが真理だとすると、大人が肉体的要求を感じてすぐにそれに屈しない時にはそれは虚偽だということにでもなりはしまいか！　だがほんの少しでも反省のある自己であれば誰でもきっといかに自己を抑制すべきかということの観念をもっているものである。」さて我々の絶望者は自分を非常にうまく閉鎖しているので、自分に関係のない人(したがってすべての人)をすべて自分の自己に関することから遠ざけている、——しかも外面上は彼は完全に「実際的な人間」である。彼は教養ある紳士である、夫であり父である、特別に有能な官吏、尊敬すべき父でさえある、愉快な交際家であり、自分の妻に対してもきわめて親切で子供の面倒をさえもみる。そしてやはりキリスト者？　しかり、彼もまた一種のキリスト者である、だが彼はそのことについて語ることはできるだけ避ける、——もっとも彼の妻が自分の信心のために宗教的な事柄に携っていることを彼は心よくそして一種哀愁を含んだ喜びをもって眺めてはいる。彼は教会にはほとんど行かない、大抵の牧師は本来自分の語ることの意味を知っていないように彼には思われるのである。たった一人の牧師だけは例外である、この人だけは自分の語ることの意味を知っていることを彼も認める、——だがこの牧師のいうこともまたほかの理由から彼は聞こうとはしないのである。というのは、彼はあまりに遠く連れ去られるかもしれないのだ！　それに反し彼が孤独への渇望を感ずることは稀ではない、孤独は彼には生命の要求であり、時には呼吸の如く、他の時には睡眠の如くである。彼がこのような生命の要求を大抵の人達よりも多く持っているということが彼のより深い本性を物語っている。一般に孤独への衝動は精神の徴候であり精神のありかたを量る尺度である。「ただおしゃべりするだけの非人と俗人」とは孤独への衝動を感ずるどころか、ほんの一瞬間でも孤独でいなければならぬことになると或る種の社交的な鸚鵡《おうむ》のようにすぐに死んでしまうのである。幼ない子供が子守歌で眠入らせられることが必要であるように、こういう人達は食い飲み眠り祈りかつ惚《ほ》れる等々のことができるためには社交の雑音によって眠入らせられることが必要なのである。古代と中世には人々はまだ孤独へのかかる要求に着目しており、その意味するところのものの前に尊敬の念を抱いていた、——しかるに我々の間断のない社交の時代は孤独の前に非常な戦慄を感じているので、それを犯罪者に対する刑罰としてよりほかには用いる術を知らないのである（なんとすばらしい警句ではないか！）。実際我々の時代には精神を所有することが犯罪であるということは確に真実である、してみれば孤独の愛好者が犯罪者と同じ階級に入れられるのも全く当然といわねばならない。

さて自己自身のなかに閉じこもっている絶望者は、以上のようにして時々刻々 horis successivis を送っている。よし彼の日は永遠性のために生きられているのではないにしても、多少は永遠的なるものにもかかわりあっているし、彼は自分の自己自身に対する関係を問題にしている、——しかし本来彼はそれ以上には進まない。以上のことがなされ、孤独への要求が充たされる場合、彼はいわば外に出てゆく、——自分の妻や子供達のもとにはいっていって彼等と語りあうにしても〔外に出てゆくということに変りはない〕。彼をして夫としてあんなにもやさしく父親としてあんなにも面倒をみる人間たらしめている所以のものは、彼の善良な性質と義務感とをのぞいて考えれば、彼がその閉ざされた内奥において自分自身に対して自分は弱い人間だとうちあけたその弱さの告白のせいにほかならない。

ここに誰か彼の閉鎖性〔の秘密〕を与かり知ることのできた人間がいたとして、その男がもし彼に、「それが実にお前の傲慢だ、お前は大体お前自身を誇りにしているのだ」といったとしても、おそらく彼は他人にはその通りだとは告白しないであろう。もっとも彼が自分だけでひとりでいるときであれば、その言葉には確に何等かの真理が含まれているということを自分自身に対して認めることもあるかもしれない。けれども彼の自己が自分の弱さを把握したときの熱情がすぐに彼に、自分の弱さに絶望していることが傲慢でありうるはずがないではないかと思いこませることであろう、——自分の弱さをそのように並はずれて強調するそのことが実に傲慢にほかならないことに彼は気がつかない、弱さの意識が彼にとって耐えられないのはひとえに彼が自分の自己を誇りたいと希《ねが》っているからだということに彼は気がつかない。誰かが彼にこういうとする、——「それは実に奇妙な錯綜だ、全く奇妙な結び目だ。一体不幸のすべてはもともとお前の思想がこんなにも錯綜しているその具合のなかに潜んでいるのだ。それにしても方向は別に間違っているわけではない、お前の歩むべき路はまさにこれなのだ、——自己への絶望を通じて自己自身へ。お前は無論弱い、これは全くお前の考えている通りだが、しかしお前はそのために絶望してはならないのだ。お前の自己は自己自身になるために破られなければならない。とにかく自己に絶望することをやめなさい。」——もし誰かが彼にこういうとしたら、彼はそれを熱情のない瞬間には理解するであろう。しかし熱情が再び直ちに彼の眼を曇らせるであろう、かくて彼は再び方向を逆転して絶望のなかにはいりこんでゆくのである。

前に述べたように、このような絶望は世間にはかなり稀である。さて絶望者がかかる立場に止まっている（ただ足踏みをしながら）ことをしないとしたら、しかも絶望者のなかに革命がおこって信仰への正しい進路を辿ることにもならないとしたら、その場合には彼の絶望は絶望のより高い形態へと度を強められるか――そこでは絶望は依然閉鎖性である――それとも自己を破って外に出て表面の被覆――絶望者はいわば匿名《インコグニト》でこのなかに隠れて生きていた――を放棄するかのいずれかである。後の場合にはかかる絶望者は生活のなかに躍り込む、おそらくは気をまぎらすために大規模な仕事のなかにとびこんでゆくことであろう。彼は安息を知らぬ精神となり、彼の存在は後に鮮明に痕跡を残すことにもなろう。安息なき精神は自己を忘却しようとする精神なのであるから、内面の喧騒があまりにも音高くなる場合には、強烈な手段が必要なのである、――もっともそれはリチャード三世が自分の母の呪いの言葉を耳にいれまいとしてとった手段とは違った種類のものではあろうが[29]。或いはまた彼は感覚的なるもののなかに、おそらくは放縦のなかに、忘却を求めようとするでもあろう、彼は絶望して直接性にもどろうとする、――しかし彼がそれであろうと欲しないところの自己の意識からは決して脱けでることができない。前の場合には、絶望がその度を強めるとそれは強情《トロッツ》になる、――彼が弱さを云々していたことがいかに偽りであったかがここで曝露される。自己自身の弱さに関する絶望こそ強情を示す最初の表現であるということが、弁証法的にいかに正しいかということが、ここで明らかになる。

ところで最後に、自分のなかに閉じ籠《こも》っている人間――彼は閉鎖性のなかで足踏みしている――の内部をもう一度少しばかりのぞいてみることにしよう。この閉鎖性が絶対的に保たれている場合には、あらゆる点において絶対的に完全に omnibus numeris absoluta 保たれている場合には、彼に最も近く迫っている危険は自殺である。自己自身に閉じ籠っている人の内面に何が秘められてありうるかということについて、大抵の人達は無論何の予感ももっていない、――もしも彼等がそれを知ることがあったら、きっと恐愕《きょうがく》するであろう。それに反しもしそういう状態にある人が誰かに、たった一人の人にでも、ことをうちあけるとしたら、彼はきっとそのために緊張がぐっと弛《ゆる》むかぐったりと深く気落ちするかしてもはや自殺というような行為を遂行する力がなくなるであろう。絶対の秘密に比較すれば、一人でもそれを一緒に知っていてくれる人のある秘密というものは一音階だけ調子が柔らかくなっている。そこでおそらく彼は自殺をまぬかれることでもあろう。けれどもその場合絶望者は自分がほかの人に秘密をうちあけたといううょうどそのことに絶望することがありうるのである。もしも彼がずっと沈黙を守りつづけていたとしたら、きっとその方が、いま一人のそれを与り知っている人をえたよりも遥かに限りなく良かったのではないか？　自分のなかに閉じ籠っていた人が、自分の秘密を与り知っている人をえたというちょうどそのことのために絶望にもたらされたというくつかの実例がある。そこでまた結局帰するところ自殺ということになる。詩人はこのような破局（詩の主人公はたとえば国王とか皇帝である）を、主人公が自分の秘密を与り知った人を殺させるといったふうに描きだすこともできよう。このようにして我々はいま自分の苦悩を誰かにうちあけたいという衝動を感じている悪魔的な暴君を想い浮かべることができる。彼は次から次と一群の人間を殺すことになる、――というのは彼の秘密を知るに至る者は必らず死ななければならないのである、――暴君が誰かに自分の秘密をうちあけるやいなやすぐにその人間は殺されてしまうのである。このような結末に終る悪魔的な人間の苦悩に充ちた自己矛盾――自分の秘密を知っている人を持たないでいることも持っていることもどちらも耐えられないというような――を描写することはけだし詩人に課せられた一つの仕事であろう。

β、絶望して自己自身であろうと欲する絶望——強情。

既に述べられたように、αのもとにおける絶望を女性の絶望と名づけうるとすれば、我々はいまこの絶望を男性の絶望と名づけることができる。それ故にまた前のものとの関係でいえば、この絶望にして始めて精神の規定のもとに立つのである。実際また本質的には男性がこの規定のもとに属しているので、それに対して女性はより低い綜合であるにすぎない。

αの2のもとに叙述された絶望は自分の弱さについての絶望であった、絶望者は彼自身であることを欲しない。だが絶望の弁証法がもう一歩だけ前進して、そのように絶望している人間が、何故に自分が自己自身であることを欲しないのであるかというその理由を意識するに至るならば、事態は逆転して、強情が現前する。〔彼が絶望して彼自身であろうと欲しないのは、〕実は彼が絶望して彼自身であろうと欲しているちょうどそのためである。

最初に地上的なるものないしは地上的なる或る物に関する絶望があり、次に永遠者についてのないし自己自身に関する絶望がある。それから強情が現われてくるが、これは本来永遠者の力による絶望である、換言すれば人間が絶望的に自己自身であろうとして自己のうちなる永遠者を絶望的に濫用するのである。強情が永遠者の力による絶望であるというちょうどそのために、彼は或る意味では非常に真理の近くにある、——だが彼が真理の側に非常に近くあるというちょうどそのために、彼は無限に真理から遠く隔たっているのである。信仰への通路であるところの絶望もまた永遠者の力によって起る、永遠者の力によって自己は自己自身を獲《え》んがために自己自身を喪《うしな》う勇気をもつ。けれども強情においては自己は自己自身を棄てることから始めることを欲しない、それはむしろ自己自身を主張せんと欲するのである。

さて絶望のこの形態においては再び自己についての意識の上昇が起る、——したがってまた絶望の何たるかについての意識の、更には自分のおいてある状態が絶望であるということについての意識の、上昇が起る。特に絶望者は今や彼の絶望が外界の圧迫のもとにおける受動的な悩みとして外から来るのではなしに、自己の行為として直接に自己から来るのであることを意識するに至る。かくて強情は自己自身の弱さについての絶望に比較すれば何といっても新しい性質の絶望である。

絶望して自己自身であろうと欲しうるためには、無限なる自己の意識がなければならない。しかるにこの無限なる自己は本来自己の最も抽象的な形式、最も抽象的な可能性にすぎない。このような自己を彼はいまや絶望的に実現しようと欲しているので、その場合彼は自己を、それを措定したところの力に対するあらゆる関係から引離そうとする、ないしはそのような力が現存しているという観念から自己を引離そうとするのである。自己は自己の無限なる形式であるが故に絶望的に自己自身を意のままに処理しようと欲する、いな自己自身を創ろうと欲する、――彼は自分の自己を自分がそれであろうと欲する自己に創ろうと欲し、自分の具体的自己のなかに持ち込みたいものと持ち込みたくないものとを自分で規定しようと欲する。一体彼の具体的自己は実に必然性と限界とをもち、全く規定された或る物であり、一定の能力・素質等々を有し、特定の具体的関係等々のうちにあるものである。しかるに彼はまずもってかの無限なる形式すなわち否定的な自己の助けをかりてこの全体を改造しつつ、そこからして否定的自己の無限形式によって生み出されたところのおのが希望通りの自己を獲得せんと試みる、――そしてその上で始めて彼は彼自身たらんと欲するのである。ということは要するに、彼はほかの人達よりも少しばかり早く始めたい[30]のである、〔彼に宛てがわれた相対的な〕始源とともににではなく、端的な「始源において」始めたいのである。彼は自分の自己を自分の身に着けようとはしない、自分に与えられた自己のうちに自分の課題を見ることを欲しない、——彼はその形式的な否定的な無限性の力で自分の自己を自分で構成しようと欲するのである。

ひとがもしこの種の絶望を示す共通の名称をもとうとすれば、それはストア主義とでも名づけられうるであろう、——ただしこの場合それは単にかのストア学派のことだけを意味しているわけなのではない。更にまた立入ってこの種の絶望を解明しようとすれば、行動的自己と受動的自己とを区別し、行動的である場合には自己は行動のなかでいかに自己自身に関係し、受動的である場合には自己は受動のなかでいかに自己自身に関係するかを示すのが最善である。その際自己が絶望して自己自身であろうと欲しているというかの定式はいつも不変であることが示されねばならない。

絶望せる自己が行動的なものである場合には、それは本来いつも単に実験的にのみ自己自身に関係している、——たとい自己がどのように大規模なまた驚嘆すべきことに着手していようとも、またどのような根気をもって行動していようとも実はそうである。自己は自己以上のいかなる力をも知らない、それ故に自己には結局のところ真剣さが欠けているのである。それはただ自己自身との実験に自分で最大の注意を向けることによって真剣なように見せかけることができるだけである。要するにそれは装われたる真剣さである。あたかもプロメテウスが神々から火を盗み出したのにも似て、それは神から真剣性の核心をなす思想——神は人間を見ているという思想を盗み出すものである。絶望せる自己は神が人間を見ているということの代りに自分で自分を見ていることに満足している、そしてそのことによって彼は自分の仕事に無限の関心と意味を賦与しているかのように思いこんでいるのであるが、実はかえってまさにそのことによって自分の仕事を単なる実験に転化しているのである。というのはたとい自己が実験された神になるまでに絶望が極端に押し進められることがないとしても、何といっても派生的な自己は、自己が自己を見ることによっては自己自身以上のものを自己に与えることはできない。それは結局始めから終りまで自己がそれとして措定された自己のままに止まっているので、自己の二重化に際してそれは自己以上になるのでも自己以下になるのでもない。その限り自己は自己自身であろうとする絶望的な努力のなかでかえって反対のもののなかに自己をうち込んでいくことになる、——それは本来いかなる自己にもならないのである。自己がその内部で行動している全弁証法のなかには確固としたものは何もない、——自己がそれであるところのものはいかなる瞬間にも確固としては（すなわち永遠に確固としては）いない。自己の否定的な形式は解くところの力とともに縛《つな》ぐところの力をも行使する、[31] 自己は全然恣《しい》意的にいかなる瞬間にもそもそもの始めから始めることができる、——行動の全体は、ひとつの思想がどれほど長く追求されるにしても、いつも或る仮定の内部に止まっている。いよいよ多く自己自身となることに自己が成功するどころか、そのような自己が仮定的な自己にすぎないことがいよいよ明瞭に示されてくるのである。自己は自己自身の主人であり、絶対（いわゆる）に自己自身の主人である、けれどもまさにこのことが絶望にほかならないのである、——ところが彼にとってはそれがかえって快楽であり享楽なのである。だがもし我々が更に立入って吟味してみるならば、この絶対の支配者なるものは実は国土をもたぬ国王であることを容易に確信せしめられるであろう、彼は本来支配されるものなき支配者である、——彼の地位、彼の支配は、反乱がいかなる瞬間にも合法的であるといったような弁証法に支配されている。それというのも結局すべては自己の恣意のせいなのである、——なぜというに自己はその独裁的な恣意のなかで自らまた別のことを意志するに至るのだから。

かくて絶望せる自己は絶えずただ空中楼閣を築くのみであり、絶えず空中に剣を振りまわすのみである。[32] これ等の諸々の実験的な徳はすばらしい外観を呈している、それ等は一瞬東洋の詩のように人々を魅惑する、このような自己支配、このような不動性このような無感動性（アタラクシア）[33]等々はほとんどお伽噺《とぎばなし》めいたものに境を接している。事実またそれはお伽噺に近づいている、いなその底はお伽噺——無——にすぎないものでさえあるのだ。自己は絶望して自己を自己自身となし自己自身を展開しかつ自己自身であるということの満足を享楽しようと欲する、彼は自分がかくまでに自己自身を理解したというその巨匠的な詩的素質を誇りたいと思う。にもかかわらず彼が自己のもとに一体何を理解しているかということは結局のところどこまでも謎である、——彼が自己の殿堂の完成にほとんど九分九厘まで近づいたと思われるちょうどその瞬間に彼はまたその全体を気ままに無の中に解消させることもできるのである。

絶望せる自己が受動的なものである場合でも、絶望はやはり自己が絶望的に自己自身であろうと欲するという絶望である。絶望して自己自身であろうと欲するところのかかる実験的自己は、自分の具体的自己のなかで予め自己の方向を見定める場合、おそらくはこのもしくはかの困難に、キリスト者が十字架と呼ぶでもあろうような或る根本的な障害（それがどのような種類のものであろうと）に衝《つ》き当る。その場合否定的な自己すなわち自己の無限な形式はおそらく始めはまずその十字架をきれいさっぱりととりのけてしまおうと考え、あたかもそういう障害が全然そこに存在しないかのように、自分はそんなもののことは何も知らないかのように振舞うことであろう。しかしそれは彼には成功しない、彼の実験の技倆《ぎりょう》はまだそこまでは達していない、彼の抽象の技倆さえもまだそこまでは達していない、あたかもプロメテウスのように、無限なる否定的自己もまたこの苦役に釘づけにされているのを感ずるのである。——そこに自己の悩みがある。さて絶望して自己自身であろうと欲するところのこの絶望の現象形態はいかなるものであろうか？

見よ、前に地上的なるものないし地上的なる或る物に関して絶望するところの絶望形態は結局のところ（そこでも示された通り）永遠者についての絶望にほかならぬ所以が叙述された、——すなわちそこでは永遠者が何の慰めにもなりえない程に地上的なるものが高く評価される結果、人間は永遠者によって慰められかつ癒《い》やされることを欲しないのである。しかし地上的なる苦悩現世的なる十字架が取り除かれるという可能性に人間が希望を持とうとしないのも、これもまた絶望の一つの形態である。絶望して自己自身であろうと欲しているこの絶望者は、そういう可能性に希望を持とうとは欲しない。肉体のこの刺[34]（それが現実的なものであるにしろないし彼の熱情が彼にそう思いこましているようなものであるにしろ）は自分のうちに非常に深くささりこんでいるのでとうていそれを引抜くことはできないものと彼は確信している※、そこで彼はいわばそれを永遠に自分の身に引受けようと欲するのである。彼はその刺に憤激を感じている、ないしもっと正確にいえば、彼はその刺を機縁として全存在に憤激を感じている、そしていまやその刺にもかかわらず彼自身であろうと欲する、――その刺にもかかわらず刺のない彼自身であろうと欲するというのではない（これは彼のうちなる刺を抜き去ることになるが、これは彼にはできない、――もしくはこれは諦めの方向をもった運動ということになろう）、いな、全存在を向うにまわしながらないし全存在に反抗しながら、その肉体の刺と一緒に彼は彼自身たろうと欲するのである。彼はその刺を身に引受ける、――反抗的におのが苦悩をほとんど誇りとしながら。なぜというに救済の可能性に希望をもつことは（特に神にとっては一切が可能であるという背理の力によって可能性に希望をもつことは）、彼はどうしても欲しないのである。他人のもとに救助を乞うことは、たといどのようなことがあろうとも彼は断じて厭《いや》である、彼は他人に救助を乞うよりは、むしろあらゆる地獄の苦しみを嘗《な》めても（もしそれが避けられぬものなら）、彼自身であろうと欲するのである。

※　更にまた（一言このことを注意しておくが）我々はちょうどこの観点からして、世間で「諦め」という名称によって装飾されているものの大部分が実は一種の絶望であることを洞察しうるであろう、――すなわちそれは人間が絶望的に自分の抽象的な自己たろうとすることであり、地上的かつ時間的世界における苦悩に反抗しないしはそれを無視しえんがために、絶望的に永遠者のうちに自己満足を求めんとするものである。諦めの弁証法はもともと次のようなものである。――おのが永遠の自己たらんと欲すること、そこでまた彼の自己がそれに悩んでいる或る特定のものに関しては彼自身であろうとは欲しないこと、――それは永遠の世界ではきっと脱落するに違いないと考えて彼は自ら慰め、それ故にそれを現世において自分の身に引受けないのもまた正当であると考えている。彼はそのものが自己の悩みのもとになっているにもかかわらずそれが一緒に自分の自己に帰属しているということを認めようとはしない、――すなわち彼はそのもとに信仰深くへりくだることを欲しないのである。それ故に諦めは絶望として考察せられるならば、絶望的に自己自身であろうと欲しない絶望とは本質的に異なっている、――彼は実に絶望的に彼自身であろうと欲するのである、ただし或る一つのことだけは例外なので、これについてだけは彼は絶望的に彼自身であろうとは欲しないのである。

だから人々が「悩んでいる者は、もしも誰か彼を救ってくれるものがいさえすれば、無論非常に喜んで救いをえようとする」といっているのは何といっても全くの真理であるというわけにはいかない、実際は決してそんなものではない、――もっともここでの場合のようにその反対がいつもかく絶望的に真であるというのでもない。事実はこうである。悩んでいる者には、自分はこういうふうに救ってもらいたいというろいろの仕方というものがある。もしも彼がそういう仕方で救われるのであれば、無論彼は喜んで救ってもらいたいのである。けれども救済の必要が更に深い意味において真剣に問題になる場合、特により高いものないしは最高のものによる救済が必要とせられるという場合、どのような仕方の救済も絶対に受け入れなければならないとしたら、これは屈辱である。あらゆることを可能ならしめる「救済者」の手のなかでは自己はほとんど無に等しきものとならなければならない、或いはまた単に他の人間の前に自分の身を屈しなければならないというだけのことにしても、とにかく彼は救助を求める限り彼自身であることを放棄しなければならない。このような屈辱に比すれば、よし彼がいま抱いている苦悩が疑いもなくどのように数多く、そして深刻であり、またいつ果てるとも知れないほどのものであるにしても、それはまだしも彼にとっては耐ええられるのであり、したがって自己はもしこのまま彼自身として存在することさえ許されるならばむしろこの苦悩の方を選ぶのである。

さて絶望して彼自身であろうと欲するところのかかる苦悩者のうちに、意識がより多く存在すればする程、それだけまた絶望の度も強くなってそれはついに悪魔的なるもの(35)にまで至る。悪魔的なるものの根源は普通次のようなものである。絶望して自己自身であろうと欲するところの自己は、いかにしても自分の具体的自己から除き去ることも切り離すこともできない何等かの苦悩のために呻吟《しんぎん》する。さて当人はまさにこの苦悩に向って彼の全熱情を注ぎかけるので、それがついには悪魔的な狂暴となるのである。そのときになってよし天に坐《いま》す神とすべての天使達とが彼に救いの手を差し延べて彼をそこから救い出そうとしても、彼はもはやそれを断じて受け入れようとはしない、いまとなってはもう遅すぎるのである。以前だったら彼はこの苦悩を脱れるためにはどんなものでも喜んで捧げたであろう、だのにその頃彼は待たされていた、——いまとなってはもう遅いのだ、いまは、いまは、彼はむしろあらゆるものに向って狂暴になりたいのである、彼は全世界から全存在から不当な取扱いを受けている人間のままでいたいのだ。だからしていまはかえって彼が自分の苦悩を手もとにもっていて誰もそれを彼から奪い去らないということこそが彼には大切なのである、——それでないと彼が正しいということの証拠もないし、またそのことを自分に納得させることもできない。このことが最後には非常に深く彼の脳裏に刻み込まれるので、彼は全く独自の理由からして永遠の前に不安を抱くことになる、――永遠は彼が他人に対して持っている悪魔的な意味でのかかる無限の優位から彼を切り離し、彼が現にあるがままの彼であって構わないという悪魔的な権利を彼から奪い去るかもしれないのである。彼は彼自身であろうと欲する。彼は自分の具体的自己からの無限の抽象をもって始めた、しかるに今や彼はついにそのような仕方で永遠となることはとうてい不可能であるまでに具体的となった、――にもかかわらず彼は絶望的に彼自身であろうと欲するのである。ああ、何という悪魔的な狂想であろうか！　永遠がもしかしたら彼の悲惨を彼から奪い去ることを思いつくかもしれないということに思い到るとき最も狂暴になるというのは！

この種の絶望は世間では稀なもので、本来ただ詩人のもとでのみ、すなわちその作品中の人物にいつも「悪魔的な」観念性(この言葉の純粋にギリシア的な意味において)を賦与するところの真実の詩人のもとにおいてのみ見出される。とはいうもののそのような絶望に現実のなかで出会われることも実はありはするのだ。しからばその場合かかる絶望に対応している外面はいかなるものであるか！　しかり、そういう「対応しているもの」が実は存在しないのである。秘められたる状態に対応している外面などというのははそれ自身において矛盾であろう、――対応しているものは実は顕わにしているものなのである。むしろここでは外面は全然人目を惹《ひ》くものを持っていない。しっかりと錠のおろされている閉鎖性(或いはこれを内面性と呼んでもよかろう)だけが、ここでわれわれの注目せねばならぬ要点なのである。絶望の最低度の諸形態のもとには本来いかなる内面性も存在していないし、或いはともかくもそれについて語るに足るほどのものは何もない。そこでそういう形態を叙述する場合には、そういう絶望者の外面を描写するか或いは少なくともそれについて何か語るところがなければならない。ところが絶望が漸《ぜん》次《じ》精神的になり、閉鎖性のなかで内面性が漸次独自の世界を形成するにつれて、絶望がそのかげに隠れるところの外面はそれだけまた漸次人目につかないものになってくる。というのは絶望が精神的なものになればなるだけ、それだけまた絶望者は自ら悪魔的な巧智をもって絶望を閉鎖性のなかに秘めておくことに心を配るので、したがってまた外面をことさらに無造作に装い、それをできるだけ無意味な人目につかないものにするのである。童話のなかの妖魔が誰も見ることのできない割目をくぐって姿を消すように、絶望も、精神的になればなるだけ、そのかげに絶望が潜んでいようとは普通なら誰にも思いつかないような外観のなかに住むように心を配るのである。隠れているということはたしかに何かしら精神的なものであり、いわば現実の背後にひとつの密室、全くの自分だけの世界、を確保するためのひとつの手段である、――この世界のなかで絶望せる自己はあたかもタンタロス(36)のように休みなく自己自身であろうとする意欲に没頭しているのである。

我々は、そこでは人間が絶望して自己自身であろうと欲しないところの絶望の最低度の形態から始めた(α1)。悪魔的な絶望は絶望が最もその度を強めたところの形態であり、ここでは人間は絶望的に自己自身であろうと欲するのである。この絶望のなかでは人間はまたストア的な自己自身への溺愛によってないしはまた自己神化によって彼自身であろうと欲するのでもない(自己神化は、無論欺瞞的ではあるにしても、なお或る意味では自己の完全性を目指している)、いな、そこでは彼は自己の存在を憎悪しつつしかも彼自身であろうと欲するのである、惨《みじ》めなままの自己自身であろうとするのである。彼が彼自身であろうと欲するのは単なる強情の故にではなく、むしろ挑戦せんがためである。彼は自分の自己をそれを措定した力から強情的に引き離そうと欲するのではなく、むしろ挑戦的にその力に迫り、それに自分を押しつけようと欲するのである。彼は悪意でその力をつかまえておこうと欲するのである、悪意の抗議をなすものがまず何よりも先に自分の抗議の向けられている相手方をつかまえておく必要があることはいうまでもない。彼は全存在に向って反抗することによって、全存在を、全存在の好意を、反駁《はんばく》しうる証拠を握っているつもりでいるのである。絶望者は自己自身その証拠であると考えているのである、彼はその証拠であることを欲する、――それ故に彼は彼自身であろうと欲するのである、すなわち自己の苦悩をもって全存在を拒絶しうるように苦悩をもったままの彼自身であろうと欲するのである。弱さに絶望している者が、永遠が彼にとって慰藉であることなどに耳を傾けようと欲しないように、強情における絶望者もまた永遠の慰藉などには耳を傾けようとは欲しないのであるが、その理由は異なっている、――後者は実に全存在に対する抗議たらんと欲しているのであるから、慰藉などはかえって自己の没落となると考えるのである。比喩《ひゆ》的に語るならば、それはいわば或る著作家がうっかりして書き損ない(37)をしたようなものである、この書き損ないは自分が書き損ないであることを意識するにいたるであろう、(もしかしたらこれは本当はいかなる書き損ないでもなしに、遥かに高い意味では本質的に叙述全体の一契機をなすものであるかもしれない、)さてこの書き損ないはその著作家に対して反乱を企てようと欲する、著作家に対する憎悪から既に書かれた文字の訂正されることを拒否しつつ、狂気じみた強情をもって彼は著作家に向ってこう叫ぶのである、――「いや、おれは抹消されることを欲しない、おれはお前を反駁する証人として、お前がへぼ著作家であることの証人として、ここに立っているのだ。」

第二編

絶望は罪である。

A、絶望は罪である。

罪とは、人間が神の前に(ないし神の観念を抱きつつ)絶望的に自己自身であろうと欲しないことないし絶望的に自己自身であろうと欲することの謂いである。それ故に罪は弱さないし強情の度の強まったもの、いい換えれば絶望の度の強まったものである。「神の前に」というところに重点が置かれている、——神の観念が一緒にそこにあるということが、罪を弁証法的に、倫理的に、宗教的に、法学者が「加重された」絶望とでも名づけるであろうようなものとなすのである。

この篇、特にAのもとには心理学的記述のためのいかなる余地も存しないし、またここはそれに適《ふさ》わしい場所でもないが、ただここに絶望と罪との間の極度に弁証法的な限界領域として、宗教的なるものを目指す詩人的実存とでも名づけられうるものの特質を叙《の》べておきたい。これは諦めという絶望と或る共通なものを有する実存であるが、ただ神の観念が現存している点が違っている。宗教的なるものを目指す詩人的実存は(これ等の範疇《はんちゅう》の結合と位置からも知られるように)詩人的実存のうちでも最も卓越したものである。キリスト教的に考察すれば（美学が何といおうと）詩人的実存はすべて罪である。——存在することの代りに詩作し、単に空想のなかで善と真とにかかわるだけでそれで在ろうとはしないこと、すなわち実存的にそれで在ろうと努力しないことがすなわち罪である。ここで我々が問題としている詩人的実存は、それが神の観念を自分でもっている点ないしはそれが神の前にあるという点で、絶望とは異なっている。けれども詩人的実存は、なみはずれて弁証法的なものなので、それがどの程度まで自己の生活が罪であるということの漠然たる意識を抱いているかという点になると、いわば透明化せられえない弁証法的混乱のうちにあるのだ。こういう詩人は非常に深い宗教的衝動をもっていることがありうる、そして神の観念が彼の絶望のなかに一緒にとり入れられている。彼は何物にもまして神を愛している、神は彼にとって彼の秘められた苦悩における唯一の慰藉である、——にもかかわらず彼は苦悩を愛していて、それを棄て去ろうとはしない。彼は心から喜んで神の前に彼自身であろうと欲する、——ただ彼の自己が悩んでいる不動の一点に関してだけは彼は絶望して彼自身であろうとは欲しないのである。彼は永遠が彼を苦悩から解放してくれるであろうことを希《ねが》いながらも、ここすなわち時間的な現世においては、彼はどれほどその苦悩のもとに悩んでいようとも、それを自分の自己の欠くべからざる部分として決意して身に引受け、信仰においてそのもとにへりくだるようなことはあえてなしえないのである。にもかかわらず彼は神との関係のうちに止まっている、そしてそれが彼の唯一の祝福である。もしも彼が神なしにあるべきだとしたら、彼にはこれほど戦慄すべきことはまたとないであろう、——「そうなればもう絶望である。」にもかかわらず彼は本来、もっともおそらくは無意識的に、神をあるがままの神とは少しく異なったふうに虚構することをあえてするので、いわば子供の「たった一つの願い」をいつも聞き届けてばかりいる甘い父親に少しばかり似ているように考えるのである。不幸な恋愛の故に詩人となった者が恋愛の幸福をいとも霊妙に讃美するように、彼は宗教の詩人となる。彼は宗教的なるものの故に不幸になった。彼は神に対して不幸な愛を抱いている。自分のこの苦悩を棄て去ることが、すなわち、信仰においてその苦悩のもとにへりくだり、それを自分の自己に帰属しているものとして身に引受けることが、彼に要求されていることであることを、彼は漠然ながら理解している、——ところが彼は自分の苦悩を自分から遠ざけようと欲しているのであり、それによって実はかえってそれを固持しているのである。もっとも彼にしてみれば、それによって彼自身をできる限り苦悩から引き離しているのであり、人間の力の及ぶ限り苦悩を遠くへ投げ棄てているのだと考えていることには疑いはない（こういう考えは、絶望者のほかのすべての言葉と同様に、裏から見れば正しいのであり、したがってひっくりかえして理解されなければならない）。ところで信仰のうちに自分の苦悩を自分の身に引受けることは、彼にはできない、換言すれば、彼は結局それを欲しないのである、――或いはここで彼の自己は朦朧《もうろう》たる状態のなかに姿を消すといってもいい。けれども失恋せるかの詩人の恋愛の描写と同様に、この詩人の宗教の描写もまた魅力をもっている、そこにはいかなる家庭人の或いはいかなる牧師の描写にも見出されえないような叙情詩的な感激が存するのである。彼の語る内容もまた虚偽ではない、決してそうではない、――彼が描写しているものは実に彼のより幸福なより良き我にほかならない。彼は宗教的なるものに対して不幸なる恋人の関係に立っている、換言すれば彼は信仰者ではなしに、単に信仰に先行するものすなわち絶望を有するに過ぎない、そして絶望のなかで彼は宗教的なるものに向って燃えるような渇望を抱いているのである。彼の葛藤は本来次のようなものである、――自分は召されたるものなのであろうか？　肉体の刺は自分が或る異常なことに用いらるべきものだということの徴《しるし》なのであろうか？　自分の身に成り出でたこの異常なものは神の前には全然正常なことなのでもあろうか？　それとも肉体の刺は、自分が人間一般の立場に到達しうるためにそのもとにへりくだるべきものなのでもあろうか？——だがもう沢山であろう。真理の語勢を借りて、著者はこう語ることができる、——おれは誰に向って話しかけているのか？　n乗冪《じょうべき》のこんな心理学的研究に誰が関心をもっていると思うのか？　牧師達の描いた「ニュルンベルクの絵本」の方が人々にはずっと解りが好いだろう、——これは誰にでも一切の人に似ているかのような錯覚を起させるのであるが、精神的に理解されると実は誰にも似ていないのである。

第一章　自己意識の諸段階(「神の前に」という規定のもとにおける)。

前編において自己意識における絶えざる上昇が証示された。最初には人間が永遠なる自己をもっているということの知識がまだ欠けていた(三、B、a)、次に、人間が自己というものをもっており、自己のうちには確《たし》かに或る永遠的なものが潜んでいるという知識が出現した(三、B、b)、そしてこの知識の内部(α、1、2、β)で更に種々なる上昇が証示された。かかる考察の全体がいまや新しい弁証法的な転回を獲得しなければならない。事態は次のような関係にある。我々がこれまで問題にしてきた自己意識の上昇は、「人間的な自己」とか「その尺度が人間であるところの自己」とかいうような規定の内部で起った。けれども自己は、それが神に対して自己であることによって新しい性質ないし条件を獲得するのである。この自己はもはや単に人間的な自己ではなしに、神学的な自己ないしは神の前における自己(この意味が誤解せられることのないように祈る)とでも名づけらるべきものである。自分が神の前に現存していることを自己が意識するに至るとき、自己が神を尺度とするところの人間的自己となるとき、それはどのような無限の実在性を獲得することであろう！　牝牛に対して自己であるような牧人(こういうことが可能であるとして)は非常に低い自己である、奴隷に対して自己であるような主人もまた同様である。本来この両者はいかなる自己でもない、——尺度が存在しないからである。これまで単に両親を尺度にしていた子供が、成人して国家を尺度にするに至るとき自己となる、——だがもし自己が神を尺度にするに至るならば、何という無限のアクセントが自己の上に置かれることであろうか！　自己が何に対して自己であるかというその相手方が、いつも自己を量る尺度である。これがまた更に「尺度《マース》」の定義でもある。我々はただ同種的な量のみを加算することができるように、事物はすべてそれによって自分が量られる尺度と質を同じくするのである。そして質的にそれの尺度であるところのものは、倫理的にはそれの目標である。尺度と目標とは質的には事物の本質と同一である、——ただし自由の世界における関係は例外である、——ここではもしも人間が自分の目標並に尺度であるものと質的に異なっているとすれば、かかる質的堕落の責任は人間にあるに違いないのである。だがその場合でも目標と尺度とが依然目標であり尺度であることには変りがない、——ただこれらはいまや断罪者として人間が彼の目標並に尺度たるものと同一でないことを曝露《ばくろ》するのである。

　罪はそれが神の前にあるということによって実に恐るべき或る物となるというのは、比較的古い時代[38]の教義学がしばしばそれへと還《かえ》り来った一つの非常に正しい思想であった。もっともその後の教義学はしばしばこの思想を非難したのであるが、それはこの思想に対する理解と感受性が欠けていたためである。これはまた時に顛倒《てんとう》した適用を受けることもあったのであるが、それにしてもそれが一つの非常に正しい思想であるには変りはない。人々はこの思想によって地獄の刑罰の永劫性《えいごうせい》を証明した。ところで後世になると人々は悧巧《りこう》になってこういった、——罪は罪である、罪はそれが神に対してのものであるとか神の前においてなされたものであるとかいうことによってより大なるものとなることはないと。奇妙ではないか！　法学者でさえも加重犯ということを云々するではないか、法学者でさえも或る犯罪が例えば官吏に対してなされたものであるかないしは私人に対してなされたものであるかを区別しまた刑罰に際しては親殺しと普通の殺人との間に区別を立てるではないか。

いな、その点では古い時代の教義学が正しかったのである、——罪はそれが神に対してなされたものであるということによって無限にその罪の度が強くなるのである。人々が神を或る外的存在のように看《み》なし、人間はただ時々神に対して罪を犯すものであるかのように想定した点に誤謬《ごびゅう》が存したのである。だが神は例えば警察官吏のような或る外的存在ではない。我々の注目すべき点は、自己が神の観念を有しながらしかも神の意志を己の意志となさないという点すなわち神に対して不従順であるという点である。また人間は単に神の前に時々罪を犯すというようなものではない。あらゆる罪が神の前において起る、——或いはこういった方が好いかもしれぬが、負目をして罪たらしめるものは、負目ある者が、自分は神の前に立っているという意識をもっていたという事実である。

絶望の度は自己意識の度に従って強まる、自己は自己に対する尺度のいかんに従ってその度を強める、そして尺度が神である場合には自己の度は無限に強まるのである。神の観念が多ければ多い程、それだけまた自己も多い、――自己が多ければ多い程、それだけまた神の観念も多い。自己がこの特定の個体的な自己として、自分が神の前に立っていることを意識している場合、そのとき始めてそれは無限なる自己である、――そしてかかる自己が神の前に罪を犯すのである。それ故に異教世界における利己心は、よしそれについてどんなことがいわれうるとしても、キリスト教界における利己心――ここにもまた利己心が見出されるのである――のような成熟した性質を近似的にさえも帯びてはいない、――なぜなら異教徒は自分の自己を神の前にもっていないからである。異教徒と自然人とはただ人間的自己のみを尺度としているのである。だからもしひとがより高い観点からして異教世界は罪のうちに沈んでいると見るとしたら、多分それは当っているであろう、――ただし異教世界の罪は本来神についての、神の前における現=存在についての、絶望的な無知であった、「彼等は世に在りて神なき者であった。(39)」それ故に他の面からいえば、異教徒は最厳密な意味では罪を犯したことがないということもまた真なのである、なぜというに彼は神の前で罪を犯したのではないのであり、そしてあらゆる罪は神の前で起るものだからである。さらにまた多くの異教徒は咎《とが》なしにこの世を過すことに成功したということも或る特定の意味では全く正しい。彼等がそれに成功したのは、彼等のペラギウス(40)的な浅薄な考え方が彼等を救ってくれたちょうどその理由によるものである。けれどもその場合このペラギウス的な浅薄な考え方こそ実に罪にほかならない。他面これに反して既に多くの人がキリスト教における厳格な教育のためにかえって或る意味ではしばしば罪のなかに堕《お》ちたこともたしかである。なぜというにキリスト教的な考え方の全体が、特に人間の生涯のまだ若い時期においては、人間にとってあまりにもまじめすぎたからである。しかしその場合また罪の何たるかについてのこのより深い考え方が、或る他の意味では、同時に人間にとって救いでもあった。

罪とは、人間が神の前に絶望して彼自身であろうと欲しないことないしは人間が神の前に絶望して彼自身であろうと欲することである。だがこの定義は、ほかの点ではなるほど優れているかも知れないが、(就中《なかんずく》最も重要なことはそれが唯一の聖書的な定義であるという点である、——聖書は罪をいつも不従順として規定している)、それはしかしあまりに精神的でありすぎはしないか？　そういう疑問に対してはまず第一にこう答えらるべきである、——罪の定義があまりに精神的でありすぎるということはありえない(それが「精神的」すぎて、罪を廃棄するというのでもない限り)、なぜというに罪はまさに精神の規定なのである。更になぜにそれはあまりに精神的でありすぎるというのであろうか？　この定義が殺人、窃盗《せっとう》、姦淫《かんいん》等について何も語っていないためであるか？　だがこの定義もまたそういうことに触れているのではないか？　それらもまた神に対する我意、神の命令に反抗する不従順にほかならないではないか？　他面、人々が罪ということをいっていつもそういうような罪だけを挙げるときには、すべてそのような事柄に関してはたとい或る程度まで申分がないにしても(人間的な意味では)、しかも生活の全体が罪――かのよく知られている種類の罪、諸々の輝かしい悪徳――である場合がありうることを実にあっさりと忘却しているのである。例えば我意がそれである、――これはいかに無限に深い意味において人間的自己が自分の最も深く秘められたる願望と思想においてさえも神に従順であるべく義務づけられているかということを無精神的に知らないでいることないしは厚顔にもそれを知らないでいようとすることである。更に神の最もかすかな目くばせ――神はかかる目くばせによって自分の意志の何たるかを特定の個体に示唆《しさ》するのである――をもすばやく捉えて心からそれに従おうとする敏感さと心構えとの欠如がそれである。肉による罪は低い方の自己の我意である、――だが一の悪魔が他の悪魔の助けを借りて放逐され、その結果後者が前者よりも更に性が悪いという場合がしばしばあるではないか？　実際世間ではちょうどそういうことが行われているのである、――最初に人間は弱さと脆《もろ》さの故に罪を犯す、次には（もっともこの場合にはおそらく神のもとに隠れ場を求めることを知り、したがって彼を一切の罪から解き放つところの信仰にまで助け導かれるということもありうるが、ここでは今そのことには触れない）彼は自分の弱さに絶望してパリサイ人――これは自分の弱さを絶望的に或る合法的な正義に祭り上げるものである――になるか、でなければ絶望して再び自分を罪のなかに陥し入れるのである。

そこで上述の定義はたしかに諸々の罪のあらゆる考えうべきかつあらゆる現実的な形態を包括している、しかもそれは更に絶望が罪であり（血と肉の狂暴が罪なのではなく、精神がそれに同意することが罪である）かつ罪は「神の前に」起るものであるという決定的な点を正確に表現している。定義としてそれは代数の方程式のようなものである。もし私が個々の罪をことごとく列挙しようとしてもこの小著はそれにふさわしい場所ではないし、またそういう試みは失敗するに違いない。ここでは定義が例えば網のようにあらゆる形態を包括しているということだけが主要点なのである。そして事実その通りであることは、この定義を罪の反対のものすなわち信仰――私は本書全体においてあたかも確実な海標を目指す如くに信仰を目指して進んでいるのである――の定義によって吟味してみても解ることである。信仰とは、自己が自己自身でありかつあろうと欲するに際して、同時に自己自身を自覚的に神に基礎づけることである。

ところで罪の反対が決して徳ではないということは非常にしばしば看過されてきた。こういうのは、単に人間的な尺度で満足していて罪の何たるかをまさに知らないところの、したがってあらゆる罪が神の前で起ることを知らないところの、或る程度異教的な見解である。——いな、罪の反対は信仰である、それ故にロマ書十四章二三節には「すべて信仰によらぬことは罪なり」と語られている。そして罪の反対が徳ではなしに信仰であるということは、キリスト教全体の最も決定的な規定に属することなのである。

附論　罪の定義が躓《つまず》きの可能性を含んでいるということ。躓きに関する一般的考察。

罪対信仰という対立はキリスト教的なものである、それは一切の倫理的概念規定をキリスト教的に改造し深刻化し尖鋭化する所以のものである。この対立の底には「神の前に」という決定的にキリスト教的なものが存している、そしてこの規定が更にキリスト教的なるものの決定的な標準を含んでいる、——背理、逆説、並に躓き《エルゲルニス》の可能性がすなわちそれである。これがキリスト教的なるもののあらゆる規定のもとで示されることが最も大切なことである。なぜというに躓きがあらゆる思弁に対するキリスト教的なるものの防塁を形成しているのだから。さてここではどこに躓きの可能性が潜んでいるのであろうか？　人間が個体的な人間として神の前に現存するという実在性をもつべきであるという点、したがって(そこから帰結することだが)人間の罪は神にかかわっているべきであるというその点に、躓きの可能性が存するのである。「神の前におけるこの個体的な人間」ということは思弁が決して思いつかないことである、思弁は単に個体的な人間を空想的に人類にまで普遍化するにすぎない。まさにその故に不信仰なキリスト教は、罪は罪である、それが神の前で起ろうが起るまいが罪が罪であるには一向変りがない、というようなことを考え出したのである。要するに彼等は「神の前に」という規定を除き去ろうと欲したのである、そしてそのためにより高い智慧《ちえ》なるものを案じ出した、ところが奇妙なことにはこれは古代の異教――世間でより高い智慧というのは大抵これである――以上のものでも以下のものでもなかったのである。

　人間がキリスト教に躓くのは、キリスト教があまりに暗く陰鬱であるからだとかないしそれがあまりに厳格であるからだとかいうようなことが今日非常にしばしばいわれている。それで人間がどうしてキリスト教に躓くのであるかというその本来の理由をここで言っておくことは思うにきわめて適切であろう、——その理由というのはキリスト教があまりに高いからである、キリスト教の量る尺度が人間ではないからである、キリスト教は人間を人間の理解することのできないような並はずれたものにしようとするからである。躓きとはいかなるものであるかということに関する一つの全く単純な心理学的叙述によってこれを説明してみよう。それによって同時に人々がキリスト教を弁護せんとして躓きを取り去るようなことをするのはいかに限りなく愚かな態度であるかが示されるであろう。それは愚鈍にも厚顔にもキリスト自身の教訓を無視するものである、——キリストはしばしばかつ深く心を痛められつつ躓くことなきようにと弟子達を警《いまし》められた、すなわち躓きの可能性がそこにありかつそこにあるべきだということをキリスト自身が示唆されていたのである。というのはもしも躓きの可能性がそこにあってはならぬものであり、それが永遠的・本質的にキリスト教的なるものに帰属していないものとすれば、キリストがそれを取り除き給うことなしに、心を痛められつつ躓くことなきようにと警められたことは〔神人たる〕キリストにとっての人間的ナンセンスであるからである。

いまここに一人の貧しい日傭取り《ひやといとり》と史上に類のない程の強大な権力をもった帝王とがいるとする。この無上の権力をもった帝王が突如として使者をこの日傭取りの許に遣《つか》わすことを思いついたとしよう。帝王が自分の存在を知っているなどという考えはこの日傭取りの心には夢にも浮かんだことはなかったし、それは「その心未だ思わざりし所」(41)であった。もしも帝王をただの一度でも仰ぎ見ることが許されることでもあればこの男は自分を無上に幸福な人間と感じて、それを彼の生涯の最大の事件として子々孫々に語り伝えることでもあろう。さてこの日傭取りのもとに帝王が使者を遣わして、帝王が彼を養子に欲しいと考えているということを彼に知らせるとする、——一体どういうことになるであろうか？　日傭取りは、彼がそれを人間として人間的に受取るものとすれば、きっとすこしばかり戸惑いして(おそらく非常に戸惑いするかもしれぬ)何だか羞《は》ずかしいような困ったような気がすることだろう。彼にはそれが人間的には何かしら非常に奇妙なことと馬鹿げたことに思われる(これが人間的なことである)ので、こんなことは決してほかの人に話してはならないと考える。というのは知人や隣人がそれを聞いたら誰にもすぐに思いつくであろうところの解釈が既に彼自身の心の底にも頭を擡《もた》げてきているのである、——帝王は自分を馬鹿にしようとしておられるのだ、それで自分は街全体の笑いものになり、自分の漫画が新聞に載せられ、帝王の皇女との自分の結婚話が大市で売られることになるのだ、と。いったい帝王の養子となるということは、むろんすぐにでも外的な現実となりうることなのであり、したがってまたこの日傭取りは、帝王がどの程度までそのことを真剣に考えているのかどうか、それとも帝王はこの貧乏人をただ馬鹿にしようとしているのか、その結果彼の全生涯を不幸なものにし、結局彼が精神病院ででも終るようにしむけるつもりなのかどうか(というのは、いまの場合のような度のすぎたことをいうものは、容易にその反対に転化しうるものだから)、を自分の五官でたしかめうるはずなのである。ところが小さな好意を示されたのであればこの日傭取りにも理解することができるであろうし、小都会に住んでいる人達もそれを理解することができよう、大いに尊敬せらるべき教養ある公衆も、すべての聡明な御婦人達も、要するにかの小都会の五十万の住民の一人一人(一体人口の点ではこの小都会も或いは相当の大都会であるのかもしれぬが、並はずれたものに対する感覚と理解の点ではまことにちっぽけな小都会なのである)がそれを理解しうるであろうが、日傭取りが帝王の養子になるなどということは、これはあまりといえばあまりのことである。ところがいま外面的な事実は全然問題にならないで、ただ内面的な事実だけが問題であるとする、したがって日傭取りを確信に導きうるようないかなる事実も存在せず、信仰のみが唯一の事実であるとする、そこで一切が信仰に委ねられているとする、――その場合でも彼の男にはあえてそれを信ずるだけの十分に謙遜な勇気があるであろうか？　というのは厚顔な勇気は信仰にまで導くことはできない。その場合一体それだけの勇気をもっている日傭取りが幾人いるであろうか？　さてそういう勇気をもたぬ者は、躓くであろう、並はずれたことが彼には彼に対する嘲笑のように響くことであろう。おそらくその場合彼は明らさまにまじめにこう告白するであろう、――「そういうことは私にはあまり高すぎる、私はそれを理解することができない、（腹蔵なくいえば）それは馬鹿げたことのように思われる。」

さてキリスト教は如何！　キリスト教は、この個体的な人間が（したがってすべての個体的な人間、彼が日常どんな人間であろうと問題ではない、――男・女・下女・大臣・商人・床屋・学生等々）、この個性的な人間が神の前に現存していることを教える。彼がその生涯にたった一度でも帝王と話したことでもあるとすればおそらくそれを誇りとするであろうところのこの個体的な人間、もしも彼が少しばかり高貴な地位にある誰彼と親しい関係にでもあるとすればそれを少なからず得意とするであろうところのこの人間、――この人間が神の前に現存していて、彼の欲するいかなる瞬間にも神と語ることができ、そして確実に神から聞かれることができるのである、要するにこの人間に神と最も親しい関係に生きるように申し出でられているのである！　そればかりではない、この人間のために、ほかならぬこの人間のために神は世に来り、人の子として生れ、苦しみを受け、そして死んだのである、――この受難の神がこの人間に向って、彼に申し出でられている救助を受け入れてくれるようにと乞うている、いなほとんど嘆願しているのである！　実に、もし世に気が変になるほどの何物かがあるとすれば、これこそまさにそれである！　それを信ずることをあえてする程の謙遜《けんそん》な勇気をもっていない者は誰もそれに躓く。なぜであるか？　それは彼にはあまりにも高すぎるから。彼はそれを把捉することができないから。彼はそれを受け入れるだけの開かれた気持になることができないから。その故に彼はそれを取り除き、破壊して、それを気狂いじみた無意味なものであるということにしてしまわなければならない。それはあたかも彼を窒息せしめるものであるかのように思われるのである。

一体躓きとは何であるか？　躓きとは不幸なる驚嘆である。それ故にそれは嫉視《しっし》に似ている。けれどもそれは嫉視している者それ自身に向けられたる嫉視である、――そこでひとは(もっと厳密にいうならば)自己自身に対して最も悪意を抱いているのである。自然人は神が彼に与えようとした並はずれたものを自己の狭量の故に受け入れることができない、そこで彼は躓くのである。

さて躓きの度は、人が驚嘆への熱情をどれだけ多くもっているかということに依存している。空想も熱情ももたないところのより散文的な人間、したがって本当の意味で驚嘆することのできない人間、もまた躓くことはありうる、けれども彼等はその場合「こういうことは私には理解できない、私はそのことには立入らない」というだけで、それ以上には進まないのである。彼等は懐疑論者である。だが人間が熱情と想像力を多くもっておればおる程、したがって或る意味で(すなわち可能性において)信仰者たらんとする(註! 並はずれたものの前に讃美しつつ謙遜に跪《ひざまず》くこと)点に近づいておればおる程、躓きもまたそれだけ熱情的なものとなるのである。最後には結局ただ根扱《ねこそ》ぎにし、破壊し、泥の中に踏みつけにでもしなければ満足ができなくなるのである。

もしひとが躓きの何たるかを理解することを学びたいと思うならば、人間の嫉視を研究するがいい、——これは私が特別の研究題目として推奨したいもので自分では徹底的に研究し尽したと自惚《うぬぼ》れている主題である。嫉視とは隠されたる驚嘆である。驚嘆者が献身によって幸福になりえないと感じた場合に、彼は驚嘆の対象を嫉視することを選ぶに至るのである。さて彼は別の言葉を語る、彼の言葉はいまやこうである、——これ(彼が本来驚嘆している事)は実に下らんものだ、愚鈍な、気の抜けた、奇妙な、とっぴなものだ。まことに驚嘆は幸福な自己喪失であり、嫉視は不幸な自己主張である。

躓きもまた同様である。というのは人間と人間との間の関係において驚嘆であり嫉視であるものが神と人間との間の関係においては礼拝であり躓きである。あらゆる人間的な智慧の総決算は、度を越すな ne quid nimis、というこの「金言」(実はこの金は鍍金《めっき》だが)である、——「過ぎたるは及ばざるが如し」。人間の間ではこれが智慧と看なされて授受され嘆賞の念を以て尊重されている。その相場は決して動揺することがない、全人類がその価値を保証している。その間に時々天才が出てきて少しばかしその金言を踏みはずすことがあるが、これは(悧巧な人々から!)愚か者なりとせられる。しかしキリスト教はこの「度を越すな」という金言を更に越えて巨大なる一歩を背理的なもののなかへと踏み入れるのである、——そこにキリスト教と、それから、躓きとが始まるのである。

さていまや我々はキリスト教を弁護することが、いかに並はずれて(並はずれたものも少しばかし残しておくことにしよう)、いかに並はずれて愚かなことであるかを知ることができる。人間理解がいかに貧弱であるかがそこに曝露されている。キリスト教的なるものを結局弁護によって救われうるものといったような憐れむべきものとなす場合、そういう弁護者は実は(たとい無意識ではあっても)躓きと一つ屋根の下に住んでいるのである。それ故にキリスト教を弁護することをキリスト教界内で最初に思いついた男は、事実上第二のユダである、――彼もまた接吻をもって裏切るものである。これは確かな間違いのないことである、ただ彼の裏切りは愚鈍から起るというだけの相違である。一体何かを弁護するということは常にそれの誤れる推薦である。或る男が家屋中に充満している程の金をもっているとする、そしていま彼は貧者にその金貨を一枚残らず恵み与えようとしているとする。しかしそのときもしも彼が愚かにも彼のこの慈善的な企てを弁護をもって始めて、彼がそれをなすことの正当なる所以を三つの理由をもって証明しだすとしたら、おそらく人々は彼が真実に或る善事をなそうとしているのであるかいなかに疑惑の念を抱かせられるような気持になろう。さてキリスト教であるが、実際、キリスト教を弁護するような男は一度もそれを信じたことのない人間である。もし彼が信じているとしたら、その場合には彼の信仰の感激は、弁護ではない、いな攻撃と勝利とである、——信仰者は勝利である。

キリスト教的なるものと躓きとの場合もまたかくの如くである。罪についてのキリスト教的定義のなかには全く正当にも躓きの可能性が含まれている、——すなわち「神の前に」という言葉のなかにそれが含まれているのである。異教徒も自然人も、罪が存在するということはいつでも認めるつもりでいる、ただしこの「神の前に」(本来これが罪をして始めて罪たらしめる所以のものである)ということは、彼にとってはあまりに度を越えたことである。それは彼にとっては(ここに叙述されたのとは違った仕方においてであるが)人間からあまりに無理なことを要求することである。もう少し適度なことであれば彼はいつでもそれを受け入れるつもりはあるのだが、しかし「無理なことは無理である。」

第二章　罪のソクラテス的定義。

罪は無知である。これが周知のようにソクラテス的な定義である。これはすべてソクラテス的なるものがそうであるようにいつも注目に価いする考え方である。けれどもこのソクラテス的なるものはその他の多くのソクラテス的なるものと同じ運命に出会った、——人々は更にその先に出ようとする要求を感じたのである。いかに数知れぬ多くの人がソクラテス的な無知を越えて更にその先に出ようとする要求を感じたことであったろうか、——思うに彼等は無知のもとに立ち止まっていることは不可能なことであると感じたのである。ただの一ヵ月でも一切のものについての無知を実存的に告白してそれに耐えてゆける人間が各時代に一体何人いるであろうか？

それで私は人々が無知のもとに立ち止まっていることができないというだけの理由で決してソクラテス的な定義を片附けてしまおうとは思わない、——むしろ私はキリスト教的なものを念頭におきながらそれを鋭く描き出すために、ソクラテス的な定義を利用しようと思うのである。ソクラテス的な定義が非常に純粋にギリシア的なものであるというちょうどその理由で、この定義に比較すれば（いつもそうであるが）ほかのすべての定義は——厳密な意味でキリスト教的なものでない限り——すなわちほかのすべての中途半端な定義は単に空虚なものにすぎないことが曝露されなければならない。

さてソクラテス的な定義における難点は、それが無知そのもの、無知の根源等々を更に立ち入っていかに理解すべきであるかということを無規定のままにしているという点にある。事実また或る意味では罪が無知であるということ(もっともキリスト教ならばおそらくむしろ愚鈍と呼ぶであろうが)は決して否定せられえない、――だがその場合この無知なるものは根源的な無知であって、当人は真理について全然何も知らなかったしまたこれまで何も知ることができなかったという意味のものであるのか？　それともそれは後になって始めて出現してきた、そして何かの結果として生み出されたところの無知なのであるか？　後の場合であれば罪は本来無知以外の或る物に根ざしていなければならない、――すなわち人間が自分の認識を暗《くら》ますように行動したその行為のうちにその根が存するのでなければならない。けれどもたといこのことが認められたとしても、頑固で非常に執拗な難点が再び現われてくる、――すなわち人間は彼がその認識を暗まし始めた瞬間に自分のこの行為を明瞭に意識していたかいなかの問題である。彼がそのことを明瞭に意識していなかったとすれば、彼が認識を暗まし始めるその前に既に認識が或る程度まで暗まされていたことになる、かくて彼の無知は根源的なものであったかそれとも後になって始めて出現してきたものであったかという問題は、単に先に押しやられたにすぎない。それに反して人間が彼の認識を暗まし始めたときに既にそのことを明瞭に意識していたとすれば、その場合には罪は(無知が罪の結果として現われる限り罪も無知ではあるけれども）認識のうちにではなく意志のうちに存するのであり、そこで認識と意志との相互の関係が問題となってくる。すべてこういうようなこと（我々はこうして幾日でもその問を進めることができるであろう）には本来ソクラテス的な定義は何も関与する所がない。ソクラテスは確かに倫理家であった、（古代の人達は倫理学の創始者としての栄誉を無条件にソクラテスに帰している）、最初の倫理家、そして彼は第一級の倫理家でありかついつまでもそうであろう。そのソクラテスが無知をもって始めるのである。人間は何も知らないという無知への方向をソクラテスは知識的にたどるのである。倫理的には彼は無知のもとに或る全然違ったものを考えている、そうしてそれで始めるのである。他面またソクラテスは、当然のことだが、本質的に決して宗教的な倫理家ではない、いわんや教義家（キリスト教的倫理家の場合はそういうことになるが）ではない。それ故に彼はキリスト教がそこから出発するところの全研究のなかにはもともと全然足を踏み入れない。そこにおいて罪がそれ自身を前提するところのかの先行的なるもの、そして原罪のドグマによってキリスト教的に説明されているもの（ただし本書では我々はいわば単にこのドグマの境界に触れるにすぎない）のなかには、ソクラテスは全然足を踏み入れないのである。

それ故に本来ソクラテスは全然罪を規定するまでに至っていない(このことは無論ソクラテス的な罪の定義の場合には困難である)。どうしてであるか？　もし罪が無知であるとすれば、本来いかなる罪もありえないことになる、——罪は実に意識にほかならないからである。もし人間が正しいことを知っていないために不正をなすというのが罪であるとすれば、その場合には罪というものは存在しえない。もし無知が罪であるとすれば、正しいことを知っておりながら不正をなすとか不正であると知りながらその不正をあえてなすとかいうことはありえないというふうに考えられることになる(事実またソクラテスはそういうふうに考えた)。それでもし罪のソクラテス的な定義が正しいとすれば、もはや罪は全然存在しえない。けれども実は、このことが、ほかならぬこのことが、キリスト教的にいうと少しも怪しむに足らないことなので、またより深い意味では全く当然のことなのである、——このことが実にキリスト教的な関心において証明せらるべきであった quod erat demonstrandum 当のものである。キリスト教がそれによって質的に最も決定的に異教から区別される所以の概念は、ほかならぬ罪の概念、罪に関する教説、に存するのである。それ故にキリスト教が、異教徒も自然人も罪の何たるかを知らないと断定しているのもまた全然首尾一貫している。しかり、それは罪の何たるを顕わになしうるためには神による啓示が必要であると考えているのである。すなわち浅薄な考察がそう思いこんでいるような具合に、贖罪《しょくざい》の教説が異教とキリスト教との間の質的な区別を形成しているというのでは全然ない。いな、我々は遥かに深いところから始めなければならない、罪とともに、罪に関する教説とともに我々は始めなければならない、——キリスト教が事実それをやっているのである。だからもしも異教が、キリスト教が正しいとして承認せざるをえないような罪の定義を所有しているとしたら、キリスト教に対するこれほど危険な抗議はまたとないであろう！

さてソクラテスが罪を規定するとき、彼にはいかなる規定が欠けているのであろうか？　意志と強情である！　人間が善をなすことを意識的に放棄し、ないしは意識的に（正しきことの何たるかを知りつつ）不正をなすという事実を把捉しうるためには、ギリシアの知性はあまりに幸福であり、あまりに素朴であり、あまりに美的であり、あまりに皮肉であり、あまりに機智があり、そしてあまりに罪に染んでいた。ギリシア精神は知性的な無上命法を提示したのである。

だがソクラテスの罪の規定のうちに含まれている真理を看過することは我々には決して許されない、むしろ我々のような時代にはそれを尖鋭化しなければならないのである。

我々の時代は、非常に多くの空虚な膨《ふく》れ上った実りのない知識のなかに迷いこんだのであるから、無論今は(ソクラテスの時代と全く同様に、ただしそれ以上に)我々は少しばかりソクラテス的に腹を空かしきることが必要なのである。最高のものを理解したとか把握したとかいう人々の断言のすべては我々を笑いと涙とに誘う、――多くの人々が(或る意味では全く正当に)この最高者を抽象的に描き出して見せるその巧妙さもまた同様である。これらすべての知識並に理解が人間生活に関して全然何の力をも及ぼさず、したがって彼等の生活が彼等の理解した事柄をきわめて廻り遠い仕方においてさえも表現していないで、むしろその逆になっているという事実を見るときにも、我々は笑いと涙とに誘われるのである。痛ましくもあるしまたおかしくもあるようなこの矛盾を眺めるとき我々は思わず知らずこう叫び出さずにはおられない、――だが一体全体彼等がそれを理解したということがどうしてありうるであろうか?　彼等がそれを理解したというのは一体本当なのであるか?　これに対してかのギリシアの皮肉家であり倫理家である人はこう答える、――「おお、わが友よ、そのようなことを信ずるな!　彼等はそれを理解しなかったのだ!　もし彼等がそれを本当に理解したのだったら、そのことが彼等の生活のうちに表現されていたことだろうし、また自分の理解したことを彼等は実行したはずである。」

してみると一口に理解するといっても、理解と理解とは同一ではないのであろうか？全くその通りである、そしてこのことを理解した人は（ただしこの場合の理解はそれ自身再び理解していないことの謂《い》いでないことは注意してほしい！）それだけでもう皮肉《イロニー》の全秘密に参与しているのである。ほかならぬこの矛盾をイロニーは問題にしている。人間が実際に何かを知っていないということを滑稽として受取るのは非常に低級な種類の滑稽味でイロニーの名に価いせぬものである。たとい地球は静止しているというふうに考えていた人間が存在していたとしても、彼等がもともとそれ以上の知識を所有していなかったとすれば、より深い意味ではそこには本来何も喜劇的なことは存在しない。おそらく我々の時代といえども物理学的教養のもっと進んだ時代から見ればやはり同じように見られることであろう。この場合の矛盾は二つの異なった時代の間に存しているので、そこにはより深い意味での接触点が欠けている。それでそのような矛盾は本質的なものではなく、したがってそれはまた本質的に喜劇的でもない。いや、ところがここに一人の人間がおって正しいことを口にしている、したがってそれを理解しているはずでありながら、さていよいよ行動せねばならぬときには不正なことをする、すなわち彼がそれを理解してはいなかったことが曝露されるとすればこれこそ無限に喜劇的である。真理のために生命を捧げる高貴な自己否定の話を読んだり聞いたりして涙を流すほど感動した人間が、いや涙だけではなく汗までたらたらと流した人間が、すぐ次の瞬間にほとんどまだ眼に涙をためながら、ワン・ツー・スリー・ドンとたちまち一転して虚偽に勝利を獲《え》させるために額に汗して全力を尽すとしたら、これこそ無限に喜劇的である。声にも身ぶりにも真理たっぷりの演説家が、自分でも深く感激し人をも深く感激させながら、心魂に徹するような仕方で真理を提示し、自若たる態度と不動の眼差し、驚嘆に価いするほどの確乎《かっこ》たる足どりをもって、地獄のあらゆる邪悪と権力の面前に立ちあらわれたほどでありながら、その同じ瞬間にまだ右手に正義の剣をぶらさげたままで、ごく些細《ささい》な煩らいにも心臆してこそこそと逃げてゆくことがありうるとすれば、これこそ無限に喜劇的である。或る人が世間というものがいかにくだらないかつ憐れむべきものであるかというような全真理を理解することができるという場合、彼がそれを理解することができながら、しかも次に自分が理解したことを再認識しえないということ、これも無限に喜劇的である、——というのは彼はそれを理解したほとんどその同じ瞬間に自分で世間に出て行ってその同じくだらない憐れむべきことを自分も一緒にやり、もし世間が彼を尊敬するような場合にはその尊敬を世間から頂戴《ちょうだい》する、すなわち世間を是認するのである。ああ、それからまた私は次のような人を見うけることがある、――その人はキリストがどのように卑しい下僕の姿をなして彷徨《さまよ》い歩きどのように貧しくどのように軽蔑され嘲笑され唾を吐きかけられた(聖書に記されてあるように(42))かを完全に理解したと断言するのであるが、さてその同じ人がついで非常に注意深く世間的に具合のよさそうな所にのがれていってそこでまことに心易く身を処しているのを私は見うけることがある、そして彼が右や左からのほんのちょっとした具合の悪い風当りをもそれがまるで生命にかかわることででもあるかのように非常に気づかわしげに一々それを避けようとしている有様を目撃する場合、更に彼が万人にしかり万人に無条件に尊敬せられ畏敬せられているということの故にまことに幸福であり、全然幸福であり、申分なく大満足であり、いや大満足のあまりついに(これでものごとは完成するのだが)感動してそれを神に感謝さえもしているのを目撃する場合、私は幾度か心のなかで自分自身に対してこう問いかけたのである、――「ソクラテス、ソクラテス、ソクラテス、この人が、自分が理解したと主張することを理解していたということは一体ありうることであろうか?」こう私は語って、そして同時にソクラテスが正しくあってくれればいいと希ったのである。というのは私には何といってもキリスト教が少し厳格すぎるかのように思われるのである、それにまたそういう人間を偽善者なりとなすのは私の経験と調和させることができないのである。しかり、ソクラテスよ、私はお前を理解することができる、――お前はそういう人間を道化者、剽軽者《ひょうきんもの》となし、それを笑いの種にした、それで私がそういう人間に喜劇の食卓を具えてその給仕をすることがあっても、ただ私がそれをうまくやりさえすれば、お前はそれに少しも苦情をもちこまないであろう(いなこれはお前の喝采《かっさい》するところでさえもあろう)。

ソクラテス、ソクラテス、ソクラテス! そうだ、我々はお前の名前をもう三度も呼ばなければならない。もしそれが何かの役に立ちうるというのでさえあれば、それを十度呼ぶことも多すぎはしないであろう。人々は世界はひとつの共和国を、ひとつの新しい社会秩序と新しい宗教とを必要とすると考えている、けれどもほかならぬ知識の過剰によって混乱せしめられた我々の世界が必要としているのは一人のソクラテスであるということには誰も気がつかない。だが無論、誰かがそれに気がついていたとすれば、或いは多くの人がそれに気がついているというのでさえもあれば、ソクラテスはあまり必要でなかったかもしれない。見当違いをしている者が最も必要とするものは彼がそれに思い及ぶことの最も少ないものである、これは当然のことである、――でなかったら見当違いをしているとはいえない。

こういうわけで我々の時代はそのような皮肉な倫理的な矯正《きょうせい》をきわめて必要としているということができよう。おそらくそれは我々の時代が必要とする唯一のものである、なぜならそれは明らかに我々の時代がそれに思い及ぶことの最も少ないものだからである。ソクラテスよりももっと先に出ることではなく、このソクラテス的なるもののもとにもどってきて理解と理解とは同一ではないことを学ぶことが我々にはきわめて必要なのである、大切なことはひとつの結論としてのソクラテス的なるもののもとにやってくることなのではない、結論というものは理解と理解との間の区別を消し去ってしまって結局人間を深刻きわまる悲惨のなかにおとしこむことになる。大切なことは日常生活の倫理的把握としてのソクラテス的なるもののもとにやってくることなのである。

さてソクラテス的な定義は次のような具合にやってゆく。誰かが正しいことをしない場合には、彼はそれをまた理解していなかったのである、彼は理解したと思い込んでいただけであった、自分はそれを理解したという彼の断言は要するに見当違いであった、――彼がもし更にくりかえして、畜生、理解したといったら理解したんだと断言することでもあれば、それは彼が本当の理解から途方もなく遠く隔っているということなのである。さてこうしてみるとこの定義はたしかに正確である。誰かが正しいことをすれば、無論彼は罪を犯したことにはならない。彼が正しいことをしないとすれば、彼はそれを理解していなかったのである。彼が本当にそれを理解していたとすれば、それは直ちに彼を動かしてそのことを実行せしめ、彼と理解との間に一致が実現することになる、――故に、罪は無知である。

この場合どこに難点が潜んでいるか？　或ることを理解したということからそのことを行為することへの移行に関する弁証法的規定が欠けているという点に難点が存するのである(ソクラテス的な立場も或る程度まではこの難点に気づいていて、何とかそれを埋めあわせようとしていた)。さてかかる移行のところでキリスト教的なるものが始まるのである、さらにこの途を進むにつれて罪が意志のうちに存することが示され、やがて強情の概念へと到達する、そして終りをきっちりと結ぶために最後に原罪のドグマが附加されるのである。終りを結ぶためにと特に断るのは、思弁哲学の秘密は終りを結ぶことなしに、そして糸に結び玉をこしらえることなしに縫ってゆくというちょうどその点に存するからである、だからそれは不思議にもどこまでも縫いつづけてゆくことができる、すなわちどこまでも糸を引っ張ってゆくことができる。それに反してキリスト教は逆説によって終りを結ぶのである。

個体的な現実的な人間が全然問題にならない純粋な観念性においては、移行は必然的なもので(実際また体系[43]のなかでは一切が必然的に起るのである)、したがって理解から行為への移行には全然困難が存しない。これがギリシア的立場である(ただしソクラテス的なものではない、それにはソクラテスは、あまりに倫理家である)。それと全然同じことが本来近世哲学全体の秘密である、――「我思う、故に我在り」、思惟《しい》が存在である。それに反してキリスト教ではこうである、――「汝の信ずる如く汝になれ[44]」、換言すれば、「汝の信ずる如くに、汝はある」、信仰が存在である。かくて近世哲学は異教以上のものでも異教以下のものでもないことが知られる。けれどもこれは決して最悪のことではない、ソクラテスに似ているということはそんなにつまらないことではない。だがそういうものがキリスト教であると自分でもそう思い人にもそう思わせている点が、近世哲学の全く非ソクラテス的なる所以である。

それに反して個体的な人間が問題となっている現実の世界においては、理解したという[45]状態から行為へのこの微妙な移行は決していつも超スピードで、cito citissime

けではない。その逆に、ここで相当に長い歴史が始まるのである。

「風の如く速やかに《ゲシュヴィント・ヴィー・デル・ヴィント》」(適当な哲学用語がないのでドイツ語でいうことにする)起るわ

精神生活においては静止状態というものはない(いったい状態というようなものは全然ない、そこでは一切が活動態である)。それだから人間が正しいことを認識したすぐその瞬間にそれを実践しないならば、まず第一に認識がその沸騰《ふっとう》を止める。次に問題は意志が認識されたものをどう考えるかにある。意志は弁証法的な或るもので、人間の低い性質をもすべてそのうちに含んでいる。さて認識されたものがこの低い方の部分の気にいらない場合、その結果直ちに意志が出動して認識の理解したものの反対を行うということには無論ならない(そういう強い対立はおそらくごく稀《まれ》にしか起らない)、むしろ意志は暫くの間そのままに放って置くのである。かくて暫定期間が発生する、そして「まあ明日まで模様を見ることにしよう」ということになる。その間に認識は漸次暗まされてきて、低い方の部分がだんだんに勝を占めてくる、——というのは実際善はそれが認識された瞬間に実行に移されなければならぬものであるが(それだから純粋な観念性では思惟から存在への移行があのように容易に行われるのである、そこでは一切が直ちに生起する)、低い部分の強みはそれを延ばすという点にあるからである。その間意志は別にそれに反対するというのでもなく、いわばただぼんやりとそれを見逃している。こうして認識が適度に暗まされたあとになれば認識と意志とは互に前よりもうまい具合に理解しあうことができる、最後には両者は全く共鳴する、——なぜならいまや認識は意志の側に移行して、意志の欲するようにするのが全く正しいということを認めるにいたるからである。大多数の人間はこんなふうに生きている、彼等の倫理的なかつ倫理的=宗教的な認識が、彼等のうちなるより低い部分が欲しないような決断と帰結のなかに彼等を連れ出そうとするので、彼等は徐々に認識を暗ますことに努力するのである。その代りに彼等は彼等の審美的な形而上学的な認識を拡大する、——こういう認識は、倫理的な立場から見れば、気散じでしかない。

けれども上述のことだけでは我々はまだソクラテス的なるもの以上には出ていない、なぜというに(おそらくソクラテスはこういうだろう)もしそういうことが起るとすれば、そこにもやはりそういう人間が正しいことを理解してはいなかったことが示されているのである。要するにギリシア精神は、人間が知識をもちながら、正しいことについての知識をもちながら、不正を行うという事実を言いきるだけの勇気をもっていないわけなのである、そして自衛しつつこういうのである、——誰かが不正をなすとすれば、その人は正しいことを理解してはいなかったのだ、と。

実際その通りである、――いかなる人間もそれ以上には進むことができないのである。人間は、彼は罪のなかにいるのであるが故に、自分一人で自分の力だけで罪の何たるかを口にすることはできない。彼が罪について語るすべての言葉は要するに罪の弁解である、申訳であり罪深いぼやかしである。それ故にキリスト教もまた別の仕方で、すなわちただ神の啓示のみが罪の何たるかを人間に明らかにすることができるということをもって、始めるのである、――罪とは、人間が正しいことを理解しなかったということではなく、人間がそれを理解しようとしないこと、それを欲しないことである。

既に理解することができないということと理解することを欲しないということとの区別をさえソクラテスはもともと少しも説明していない、むしろ彼は理解と理解との間の区別に関する彼の作業の故にあらゆる皮肉家に対する巨匠なのである。彼は説明する、――正しいことをなさぬものは、またそれを理解していなかったのである。けれどもキリスト教はもう一歩その根源に遡《さかのぼ》る、――彼が正しいことを理解しなかったのは、彼が正しいことを理解しようと欲しなかったからだ、そしてこのことはそれ自身また彼が正しいことを欲しなかったことに起因するのである。かくてキリスト教は、人間は正しいことを理解していてもそれをなすことを放棄するものであること或いは甚しきは（本来的な強情のなかで）人間は正しいことを理解していながらあえて不正をさえなすものであることを教えるのである。一言にしていえば、キリスト教の罪悪論はどこまでも人間に対するあてこすりであり、非難に重ねられた非難である。それは神が告発者として人間に対して提起することをあえてした告発である。

けれども人間がかかるキリスト教的なるものを理解しうるであろうか？　決してできはしない、キリスト教的なるものとは実にそういうものである、それだからまたそれは躓きを惹起すのである。キリスト教的なるものは信ぜられなければならない。人間が理解しうるのは人間の領域内のことである、――神的なるものに対する人間の関係は信仰のほかにはない。この不可解なる事態をキリスト教はどうして説明するか？　全く首尾一貫したことだが、それは同様に不可解な仕方によるのである、――すなわち、それは啓示された、というのがその説明の仕方である。

それでキリスト教的に理解すれば、罪は認識のうちにではなく意志のうちに存する、そして意志のかかる堕落は個体の意識を超越している。これは全く首尾一貫したことである、でなかったら罪がどうして始まったかという問題が実際各個体ごとに提起されなければならぬことになるのである。

かくてここにまた躓きの標識が見られる。罪が何であり罪がどれほど深くささりこんでいるかということを人間に明らかにするためには神の側からの啓示が必要だとなされる点に、躓きの可能性が存するのである。自然人、異教徒は例えばこんなふうに考える、——「私が天上と地上にあるすべての事柄を理解してはいないというのは多分本当だろう、もし啓示というものがなければならぬとすれば、それは天上の事柄に関して我々に解き明かしてくれるものなのであろう。しかるに罪のことを我々に明らかにするために啓示が必要だなどというのは、まるで無意味である。私は自分を完全な人間であるなどとは思っていない、決してそんなふうに思ってなぞいない。自分がどれだけ完全性から隔たっているかということを私は知っているつもりだ(またそれをいつでも告白する覚悟でいる)、——これで私は罪の何たるかを知っていないというのだろうか?」だがキリスト教は答える、——「いな、お前がどれだけ完全性から隔たっているかということ、罪が何であるかということ、ちょうどそのことをお前は何よりも知っていないのだ。」見よ、この意味では罪はたしかにキリスト教的な意味での無知である、それは罪の何たるかに関する無知である。

前章に与えられた罪の定義は、それ故に更に次のように補足せられなければならない、――罪とは、神の啓示によってどこに罪の存するかが人間に明らかになされた後に、人間が神の前に絶望して自己自身であろうと欲しないことないしは絶望して自己自身であろうと欲することである。

第三章　罪は消極性ではなしに積極性であるということ(46)。

罪は消極性ではなしに積極性であるということのために正統派の教義学いな一般に正統派はいつも戦ってきた、そして罪を単に消極的なる或る物、意志薄弱、感性、有限性、無知等々となす罪のあらゆる定義を汎神論的なりとして拒否した。正統派は戦いがここで戦われなければならぬことを非常に正確に見抜いていた、――換言すれば(前述したことを想起するなら)ここで最後の締めくくりをつけて抵抗を試みなければならぬことを非常に正確に見抜いていた。もしも罪が消極的なものとして規定されるならばキリスト教全体が支えを失うであろうということを正統派は正確に見抜いていた。それ故に正統派は神からの啓示が堕落した人間に罪の何たるかを教えねばならぬということ、並にこの教説は、これはドグマであるが故に、信ぜられねばならぬものである――これは全く当然のことだが――ということをしっかりとたたきこむのである。いうまでもなく逆説と信仰とドグマとこの三つの規定は同盟と団結を結成しているので、これはあらゆる異教的な智慧に対する最も安全な支えでありまた最も堅固な堡《とりで》である。

正統派はこういう具合である。つぎにいわゆる思弁的教義学であるが、これは無論いかがわしい仕方で哲学と慣れあっているもので、罪は積極性であるというこの規定を、奇妙な誤解によって概念的に把握しうるものと思いこんでいる。だがもしも罪が概念的に把握せられうるものとすれば、罪は一種の消極性である。概念的把握それ自身が、それの措定するあらゆる積極性よりも更に高いというのが、あらゆる概念的把握の秘密である。概念が積極性を措定する、けれども積極性は概念的に把握されることによって否定されるのである。思弁的教義学も或る程度まで自分でこの点に気づいていたのであるが、それは種々なる断言の分遣隊を動きの起っている危機地点に送る(これは無論哲学的な学問にとってあまり適わしからぬことであるが)こと以外の救済策を知らなかった。彼等は今度は前よりももっと荘厳にかついよいよ多くの誓と呪いの言葉とをもって、罪が積極性であることを断言し、罪が単なる消極性であるなどというのは汎神論であり合理論でありその他いろいろのものであり、とにかく思弁的教義学の否認し嫌悪するところのものであると断じて、さて罪が積極性であるということを概念的に把握することに移ってゆくのである。これは要するに罪を単に或る程度まで——それをなお概念的に把握しうる程度まで、決してそれ以上ではなく——積極性であると考えているものにほかならない。

更に思弁のかかる二枚舌はまた他の点においても、やはり同じ事柄に関してであるが、現われている。罪の規定、すなわち罪がいかに規定されるかということは、悔い改めの規定にとって決定的な意味をもつ。さて思弁というものは否定の否定というようなことを口にするほど思弁的なものであるが、この場合もまた事態は同様である、——悔い改めは否定の否定でなければならない、そこで罪はやはり否定〔すなわち消極性〕ということになる。なおこれは序であるがいつか冷静な思想家に次の点をはっきりさせてもらいたいと思っている。文法のなかでも二重の否定は肯定であると語られているし（ここで論理と文法との第一の関係を想い起させられる）また数学のなかではマイナス掛けるマイナスはプラスであるともいわれたりしているが、こういう事柄を聯想《れんそう》させるところのかの純粋に論理的なことが、一体どの程度まで現実と質の世界においても妥当するものであるか、一般に質の弁証法はそれとは違ったものではないのか、「移行」はここでは違った役割を演じているのではないのかということ。永遠の相のもとにおいては中間的・継起的なものは全然存在しない、それ故にそこでは一切があるので、いかなる移行も考えられえない。それ故にこのような抽象の場にあっては措定はそのまま直ちに止揚と同じことである。けれども現実をこういう仕方で考えるとすれば、それはほとんど狂気に近いことであろう。我々は全く抽象的にならば、未完了態の次には完了態が来るということをいえる。だがもし現実の世界において誰かがそこから、彼のまだ完了されていない(未完了態)仕事がそのまま無過程的・無移行的に完了されている(完了態)ということを推論するとすれば、実際彼は気狂いであろう。ところでもしも罪がそこにおいて措定される場が純粋思惟であるとすれば、罪の積極性もまた同じような事情になる、――罪の積極性を真剣に問題にしうるにはこの場はあまりにもはかないのである。

だがこれ等すべてのことは今の私の問題ではない。私はいつもただ罪は積極性であるというこのキリスト教的なるものだけを固持している、――ただしそれが概念的に把握せられうるものだというのではなく、信ぜられなければならない逆説として私はそれを固持しているのである。これは私の考えによれば正しいことである。概念的に把握せんとするすべての試みが自己矛盾に陥ることを我々が示すことができさえすれば、事態は正しい位置を獲得して来る、――このときキリスト教的なるものが信仰にすなわち人が信ぜんと意志するかいなかということに委ねられなければならぬ所以が明瞭になるのである。どこまでも概念的に把握しなければ承知しないで、ただ概念的に把握せられうると称せられるものだけを尊重するような人には、上のことが非常に憫《あわ》れむべきことに見えるということは私にもよく理解できる(これは概念的に理解できないほど神的なことでも何でもない)。だがキリスト教の全体が、それは信ぜらるべきもので概念的に把握せらるべきものではないという一点に、したがって人間はそれを信ずるかしからざればそれに躓くかのいずれかでなければならぬというこの一点に懸っているとすれば、この場合にもなお概念的に把握しようと意志するということはそれほど手柄になることであろうか？　概念的に把握せられまいとするものを概念的に把握しようと意志するということは一体手柄になることであろうか、むしろそれは恥知らずか馬鹿ではないであろうか？　ある王様が徹底した微行を思いついて自分を全然ただの人間のように取扱ってもらいたいと願った場合、その場合にもなお王様に適わしいような慇懃《いんぎん》さを示すことが(たとい普通にはそれが人間の優れた心得を示す所以だとしても)正しいことなのであろうか？　或いはそれこそかえって王様の意志に逆って自分自身と自分自身の意見とを主張し、自分の身を屈することの代りに自分自身の意志通りに振舞うことではないであろうか？　それとも、王様がそういうことを欲しないにもかかわらず、いよいよもって王様に臣下としての恭順の意を示す才に富んでいる人間ほど王様の気に入るのであろうか？　したがってその人間が王様の意志に逆って行為する才に富んでおればおる程？――キリスト教的なるものを概念的に把握しうると主張する人間を人々がどのように嘆賞し賞讃しようとそれは勝手である、ただ私は「他の人々」がすべてキリスト教的なるものを概念的に把握することに没頭しているようなこういう思弁的な時代に、キリスト教的なるものは概念的に把握せられうべきものでもまた概念的に把握せらるべきものでもないということを告白することはまさに一つの倫理的な課題である（おそらくこれは少なからざる自己否定を要求する）と考えるものである。いうまでもなく実にこれこそはまさに時代が、キリスト教界が、必要とするものにほかならない、――すなわちキリスト教的なるものに対する若干のソクラテス的な無知である。ただしよく注意して欲しいが、それは若干の「ソクラテス的な」無知である。ソクラテスの無知は神を畏《おそ》れ神に仕えることの一つの仕方であった（それは神を畏れることは智慧の始めである(47)というユダヤ教的なるものをギリシア的に表現したものであった)ことを我々は決して忘れてはならない(だが一体かつてそれを正しく知っていた人ないしはそれに気づいていた人がどれだけおったであろうか？)。ソクラテスは実に神に対する畏敬の故に無知であったのであることを我々は決して忘れてはならない。異教徒に可能であった限り、彼は裁判官として神と人間との間の境界線上に立って監視していた、——神と人間とが哲学的・詩的等々の仕方で一に帰せしめられることがないように神と人間との間の質的差異の断絶を確保しておくために監視していたのである。見よ、それ故にソクラテスは無知者であった、そしてそれ故に神は彼を最大の知者として認めたのである(48)。さていまキリスト教がキリスト教的なるものはすべてただ信仰に対してのみ現存することを教えているとすれば、それによって信仰を思弁から防禦《ぼうぎょ》する所以の無知は実に神を畏れるソクラテス的な無知にほかならないであろう、——それは神と人間とが異教におけるよりももっと戦慄すべき仕方で、すなわち体系のなかで、哲学的・詩的等々の仕方で一に帰せしめられることがないように、逆説と信仰における如くに神と人間との間の質的差異の断絶を確保しておくために監視するのである。

ここでは私はただ一つの側面から罪が積極性であることを解明することができるだけ

である。前編においては絶望の叙述に際していつも上昇が示された。一面絶望において自己意識の度が強まること、他面絶望が受動的な悩みから意識的な行為にまでその度が強まること、そのうちにかかる上昇が表現されていた。更にこの両面はともに絶望が外からではなく内からくるものであることを表現している。その度に応じて絶望はまた漸次積極的に措定的なものとなってくる。上掲の罪の定義によれば、罪を構成しているものは神の観念によって無限にその度が強められたところの自己であり、したがってまた行為としての罪についての最大限の意識である。——このなかで罪が積極性であるということが表現されることになる、——罪が神の前に起るというのが、罪における積極的なるものである。

更に罪が積極性であるという規定はまた全く別の意味で躓きの可能性、逆説、をそのうちに含んでいる。というのは逆説は宥和《ゆうわ》の教説からの帰結として生じてくるのである。最初にキリスト教が歩み出て人間的悟性が決して把握しえないほどしっかりと罪を積極性として措定する、次に再びこの積極性を人間的悟性が決して把握しえないような仕方で取り除くことを引受けるのもまた同じキリスト教的教説である。饒舌《じょうぜつ》で逆説から遠ざかる思弁は両端を少しずつ切りとるので、事が滑らかに運ばれる、——それは罪を徹底的に積極的なものにすることもなければ、そのくせまた罪をまるっきり忘れ去ってしまえるほどに頭のなか深く通り抜けさせることもできない。ところで逆説の最初の発見者たるキリスト教はここでもまた可能なる限り逆説的である。キリスト教はいわば自分で自分に反抗するようなふうに働いている、それはまず罪を非常にしっかりと積極性として措定するので、いまやそれを再び除き去ることは全くの不可能事であるように思われてくる。次にその同じキリスト教が再び罪を贖罪《しょくざい》によってあたかもそれを海の底にでも投げ沈めるように全く跡かたもなく拭い去ってしまおうとするのである。(49)

Aの附論　けれどもそれでは罪は或る意味では非常に稀なことにならないであろうか？（倫理）

絶望はその度が強まれば強まる程いよいよ世間には稀にしか見当らなくなるということが、前編に注意された。しかるにいま罪というのは絶望の度がもう一度質的に強まったものである、——してみるとそれは非常に稀なことにならねばならぬはずではないか？　奇妙な難点である！　キリスト教はすべてを罪の下に閉じこめる、そして我々はキリスト教的なるものをできるだけ厳密に叙述しようと努めてきた、その結果ここにこういう特異な帰結が生じてきたのである、——罪は異教においては全然見出されえない、それはただユダヤ教とキリスト教においてのみ見出されうるものであるが、それもまたきわめて稀である、というこの特異な帰結である。

けれどもこのことは、むろん或る特定の意味においてだけであるが、全く正しいことである。「人間が神の啓示によって罪の何たるかを知った後に、神の前において絶望して彼自身であろうと欲しないことないしは絶望して彼自身であろうと欲すること」、これが罪を犯すことである、——事実また人間がこの定義はちょうど自分にあてはまりうると自分ではっきり自覚するにいたる程に成長することは稀なのである。だがそこからどういう帰結が生ずるであろうか？　まさにこの点に我々は注目しなければならない、というのはここに独自の弁証法的転回が存するからである。人間がより強度の意味においては絶望していないからといって、そこから彼が絶望していないという帰結は出てこない。その反対に、既に示されたように大抵の人間が、いなほとんど全部の人間が絶望しているのである、ただ絶望の度が低いだけのことである。それにまたより高い程度で絶望しているからといって、それが別に何の手柄になるというわけのものでもない。審美的な立場からすれば、それは一種の優越である、というのは、この立場は力だけに目をつけるからである。しかし倫理的にいえば、より強度の絶望はより低度のそれに比してそれだけ救済から遠ざかっているのである。

罪の場合もまたこれと同様である。大抵の人間の生活というものは弁証法的に無関心の立場で善（信仰）からは非常に隔たっており、あまりに無精神的であるので罪とも呼ばれえない程なのである、いな、絶望とも呼ばれえない程にあまりに無精神的なのである。

さて最厳密な意味で罪人であるということは、むろんそれが何等かの手柄であるというようなものでは決してない。それにしても他面、われわれはこういう人生のいったいどこに、——くだらないことにばかり没頭し、「他人」の愚かしい猿真似ばかりやっていて、それを罪と呼ぼうにはあまりにも無精神的でほとんど罪の名にさえも価いせず、聖書に記されているように「口から吐き出す」[50]ほか仕末のしようもないようなこういう人生のどこに、いったい本質的な意味での罪の意識（見よ、キリスト教がのぞんでいるのはほかならぬこのものである）を見出しうるというのであろうか。

だが問題はこれで片づいたのではない、——実はここで罪の弁証法がまた別の仕方で人間を捉えるだけの話なのである。いったい或る人間の人生がこんなにも無精神的なものになるということ、一般にキリスト教がそれとの関係にはいることなどは全然不可能にさえも見えてくるまでに無精神的なものになるということは、いったいどうして起るのであろうか。これではまるで、いたる所沼沢や沼地ばかりで固い地盤がないために、挺《てこ》も使えない（キリスト教の奮い立たせる作用は挺に似ている）ようなものではないか。そういうことが起るのは、いわば人間に外からふりかかってくることなのでもあろうか？　いな、それは人間自身の責任なのである。人間は誰も無精神的に生れてくるわけではない、――どのように多くの人々が死に際して人生の唯一の獲物として無精神性を携えてゆくことがあるとしても、それは人生の責任ではない。

それにしても次のことが語られなければならない（それもできるだけ率直に語られなければならない）――いわゆるキリスト教界なるもの（ここでは誰でもが、何百万という人が、皆無造作にキリスト教徒である、――したがって人間の数だけの、ちょうどその数だけのキリスト教徒がいるわけである）は、ただに意味の通じない多くの誤植や無思慮な脱落や補遺(51)で充満した憫《あわ》れむべきキリスト教版であるだけでなく、更にそれはキリスト教の濫用である、それはキリスト教を無意味なものとなしたのであるということ。おそらく小さな国には一つの時代に詩人はせいぜい三人ぐらいしか生れない、しかるに牧師は余る程いるのである、任用しきれない程いるのである。詩人については人々はそれが天職であるかどうかを問題にする、しかるに牧師になるためには人々の（したがってキリスト教徒の）意見によると試験を受けるだけで沢山なのである。けれども本当の牧師というものは本当の詩人よりももっと稀なものである、——「天職《ベルーフ》」という言葉はもともと神的なるものに帰属しているのである。だが詩人になることについてはキリスト教界ではなお人々はそれはなかなかのことであり天職ということを云々するのは意味があることだという考えをもっている。それに反して牧師になるということは人々の（したがってキリスト教徒の）眼から見ると何も特に崇高なことではないので、全く生活のためのただの職業であり、神秘的なようなことは微塵《みじん》もない。天職とはもともと僧職を意味している、だからして召命《ルーフ》に接するともいわれるのである。ところがこの国では、僧職《ベルーフ》をもっているとか、いや、僧職の空席が一つあるとか、だからそれをふさがなければならぬ、などと口にされているのである。

ああ、実に天職というこの言葉のキリスト教界における運命はキリスト教的なるもの全体の運命を示す標語のようなものである。不幸はキリスト教的なるものが口にされなかったという点にあるのではない（更にまた必要なだけの牧師がいないという点にあるのでもない）、——キリスト教的なるものが口にされはしたが、それが、人々の多くはそれを聞いても結局何も考えないような仕方で口にされたという点に不幸が存するのである(それはちょうどこれらの人々が牧師ということを耳にしても商人・弁護士・製本屋・獣医等々と同じ日常の職業のこととしか考えないようなものである)、したがって最高のもの並に至聖のものも彼等には全然何の印象をも与えないので、彼等の耳にはそれはその他のいろいろなものと同様にもう既に風俗習慣になってしまった(なぜかは知らぬが)もののように響くのである。してみれば彼等が自分自身の態度を宥《ゆる》すべからざるものと考える代りに、かえってキリスト教を弁護することが必要であると考えるとしても、何の不思議があろうか!

牧師は何といっても信仰者であるべきである。信仰者! 思うに信仰者とは恋する者である、——だが恋するすべての人々のうちで最も熱烈に恋している者であっても、信仰者に比すれば、その熱情の点ではただの未熟な若者にすぎない。いま一人の恋している者を考えてみるがいい。実際彼は毎日毎日夜となく昼となく自分の恋のことを語りつづけることができるであろう。だが彼が、恋するということは何といっても意味のあることだということを三つの理由によって証明してみようと思いつくことがありうると諸君は考えられるか、彼にとってそんなことが可能であると諸君は考えられるか、そのようなことを口にすることは嫌悪すべきもののように彼には思われるだろうとは諸君は考えられないか？　それはいわば牧師が祈ることは有益である所以を三つの理由によって証明しようとするようなものである、――祈りの値打がひどく下落したものだから、三つの理由の応援を頼んでほんの少しばかり評判を恢復《かいふく》しようというわけである。或いはまた牧師が（これも同じことだが、ただもっと滑稽である）祈りは一切の悟性を超越する祝福である所以を三つの理由によって証明しようとするようなものである。おお素晴らしきアンティ・クリマックスよ！(52)　一切の悟性を超越するようなものが三つの……理由によって証明されようとは！　三つの理由というようなものがもし何かに役立つことがあるとすれば、それはどうしても一切の悟性を超越しないようなものでなければならない、むしろその反対にかかる祝福が決して一切の悟性を超越するものではないことをそれは悟性に対して明らかにしなければならない、「理由」なるものは何といっても悟性の領域内に存するのである。いな、一切の悟性を超越するものにとっては、そしてそれを信じている人間にとっては、三つの理由というようなものは三個の瓶ないし三匹の鹿以上の意味をもたない！　それにまた恋している者が自分の恋を弁護しようなどということを思いつくと諸君は考えられるのか？　したがって彼の恋は彼にとっては絶対的なものではなく、無条件的に絶対的なものではなく、彼がそれを弁護せねばならぬような暗い点をもっているものであることを彼は容認すると諸君は考えられるのか？　換言すれば彼が、自分は恋しているのではないということを容認することができるないしは容認しようと欲すると諸君は考えられるのか？　恋しているのではないということを自ら曝露するようなことを彼はするであろうか？　もしも誰かが恋している者に対してそのような弁護をすることを提案しようものなら、彼はその提案を狂気の沙汰とは考えないであろうか？　もしも彼が恋しながらもなお一片の観察者の心を持ち合わしているとしたら、そのような提案をなす人に対して、この人は未だかつて恋の何たるかを経験したことがないのか、それでなければ自分をして恋を弁護させることによって自分の恋を裏切り、否認するように誘おうとしているのか、というような疑惑を抱かないであろうか？　本当に恋している者にそれを三つの理由によって基礎づけたり弁護したりしようなどということが思いつくはずのないのは、解りきったことである、——なぜというに彼は一切の理由並に一切の弁護以上のものなのである、彼は恋しているのである。弁護したりする者は実は恋していないのである、単に自ら恋していると称しているだけである、——要するに彼は幸か不幸か自分の正体を曝露するほどに馬鹿なのである。

しかるに御信心の牧師達はキリスト教についてちょうどそのようなことを口にしている、彼等はキリスト教を「弁護する」か或いは「基礎づける」かしている、更にお節介の度がすぎればそれを思弁的に「把握」しようなどということになる。そしてそのことが説教と呼ばれている、――そういうような説教をしたり、そういうような説教を聴いたりすることがキリスト教界ではもうそれだけでたいしたことだと考えられているのである。まさにこのことの故にキリスト教界は自らそれをもって任じているものからは遥かに遠ざかっている（ここにその証拠がある）のであり、むしろ大抵の人達の生活というものは、キリスト教的な観点からすれば、それを厳密にキリスト教的な意味では罪とも呼ばれえない程に徹底して無精神的なのである。

B、罪の継続。

罪のうちに止まっている如何なる状態も新しい罪である、いい換えれば――もっともこれは更に厳密に語られる必要があるし、また次にそれがなされるはずであるが――一般に罪のうちに止まっている状態は新しい罪である、罪そのものである。これは罪人にはおそらく誇張のように思われるかもしれない、彼はせいぜいその都度新しく犯された罪だけを新しい罪として承認するのである。しかし彼の罪の勘定書を作るところの永遠は、罪のうちに止まっている状態を新しい罪として帳簿に記載するに違いない。永遠はただ二つの欄しかもっていない、――「すべて信仰によらぬ事は罪なり。」(53)すべての悔い改められざる罪は新しい罪である、罪が悔い改められずにいる各瞬間が新しい罪である。しかし自己自身についての意識において一貫性(連続性)をもっている人間のいかに稀なことであろうか！　人間は大抵単に瞬間的にだけ、単に普通以上の決断をなすときにだけ自己自身についての意識をもつにすぎない、日常的な生活の場合などは全然問題にならない。かくて一週間に一度それも一時間ぐらい彼等もまた精神となる、――無論これは精神であることのかなり動物的なありかたなのである。けれども本質的な連続性であるところの永遠は、人間にこのような連続性を、したがって人間が精神として自己を自覚し信仰をもつべきことを要求する。ところが罪人は全く罪の力の下にあるので、罪の全体的な性格を意識するにいたらない、彼は滅びへと連れ去られる途上にあるのである。かくて彼は単に個々の新しい罪だけを勘定に入れている、彼はいわば滅びの途上においてこれ等の個々の新しい罪によって新たに一歩前進するわけである、――だがその場合彼はそれに先立つ瞬間においてもあらゆる先行的な罪を推進力としてこの滅びの途上に歩みを進めていたのであることをまるで忘れているのである。罪は彼には非常に自然なものにいわば第二の天性になってしまったので、彼は日常の生活を全く申分のないものと考えている。そしてただ彼はその都度新しい罪によっていわば新たに前進を開始するときに一瞬立ち止まるだけである。彼は堕落の淵に沈んでいるので、自分の生活が信仰において神の前に永遠者の本質的な連続性をもつことなしに、罪の連続性のなかで経過しているということに眼を蔽《おお》われているのである。

さて「罪の連続性」というけれども、罪こそほかならぬ非連続的なものではなかろうか？　見よ、ここに再び罪は消極性にすぎないというかの思想が頭を擡《もた》げてきている、──罪とはわれわれがその上に権利を取得することができない（ちょうど盗まれた財産の上に権利を取得するわけにいかないように）ところの消極性であり、自己主張の無力な試みであり、絶望的な強情のなかでかかる自己主張の無力さの悩みを悩むだけのものである。実際思弁的な立場からはそういうふうに見える、けれどもキリスト教的な立場においては罪とは（これは実にいかなる人間も概念的には把握しえない逆説である故に、ただ信ぜられなければならない）積極性であり、絶えず増大しゆく「措定」の連続性を自己のうちから展開する所以のものである。

かかる連続性の増大を示す法則もまた負債のないしは否定量の増大の法則とは異なっている。というのは負債はそれが弁済されないからといって増大するわけではなく、それはただ古い負債に新しい負債が加わった場合にのみ増大するのである。しかるに罪は人間がそこから脱け出ていない各瞬間ごとに増大してゆく。したがって罪人がただ個々の新しい罪によってのみ罪が増大すると考えているのはこれほど間違ったことはまたとないので、むしろキリスト教的に理解すれば、罪のうちに止まっている状態がそもそも罪の増大であり、新しい罪である。既にこういう格言もある、――罪を犯すのは人間的だが、罪に止まるのは悪魔的だ！（無論これはキリスト教的にはやや違った意味に理解されなければならない）。ただ新しい罪だけを見て、その中間に、個々の罪の間に、存するものを看過するところの単に非連続的な考察の仕方は、あたかも汽車は機関車がぽっぽっと湯気を吐くその都度だけ動くものと考えるのと同様に浅薄である。いな、われわれが本来注目せねばならぬ点は、機関車が湯気を吐きそれからぐっと進むというようなことではなしに、機関車が動いてゆく平均の運動であり、かの湯気を吐かしむる所以のものである。罪の場合もまた同様である。罪のうちに止まっている状態は最悪の罪である。個々の罪は罪の継続ではなしに、罪の継続を示す表現である。個々の新しい罪のなかでは罪の運動が容易に感覚的に知覚せられうるだけのことなのである。

罪のうちに止まっている状態は個々の罪よりもより悪しき罪である、それは罪そのものである。このように解するならば、罪のうちに止まっている状態が罪の継続であり、新しい罪であるということは真実である。普通に人々はこのことを別の仕方で理解している、すなわち人々はその場合一つの罪は新しい罪をそのうちから産み出すという事実を念頭においているのである。けれども実はこれには遥かに深い根拠があるのである、――罪のうちに止まっている状態が新しい罪であるというのがそれである。シェクスピヤがマクベスをして次のように語らしめているのは心理学的にみてさすがに巨匠である、――「罪から生れ出た業はただ罪によってだけ力と強さを獲《え》るのだ。」(第三幕、第二場)要するにこれは、罪がそれ自身において一貫性をもったものであり、悪がそれ自身のうちに有するかかる一貫性によって罪もまた或る力を獲ることをいおうとしたものである。けれどももしひとが単に個々の罪のみを見ているならば、決してこういう洞察には到達しない。いうまでもなく大抵の人間は自己自身についてあまりにも貧弱な意識をもって生きているので、一貫性の何たるかについての観念をもつことができない、要するに彼等は精神としては存在していないのである。彼等の生活は(或る子供らしい愛すべき素朴さにおいてか、でなければ全くの愚鈍さのなかで)個々の断片的なものから成り立っている、——少しばかりの行為、少しばかりの出来事、あるときはこれあるときはあれ。いま彼等は何か良いことをしたかと思うと、今度は何か間違ったことをしでかす、その次はまた彼等は始めからやりなおす、——或る日の午後、或いはおそらく三週間ぐらい、彼等は絶望している、やがてまもなく大いに元気になって、それからまた一日ぐらい絶望している。彼等はいわば人生の遊戯に一緒に加わっているにすぎないので、一つのものに一切を賭するというような真剣勝負を経験したことがない、したがってまた彼等は自己自身のうちなる無限の一貫性の観念に到達することも決してないのである。それでまた彼等の間ではいつもただ個々のこと、個々の善行、個々の罪のみが問題にされるのである。

精神の規定のもとに立っているあらゆる実存は(よしそれが自律的に自己の責任だけでやっていこうとしているようなものであっても)本質的に自己自身のうちに一貫性をもっているとともに、更により高い或るもののうちに(少なくとも或る理念のうちに)一貫性をもっている。さてまたこのような人間は一貫せぬすべてのものを無限に怖れる、なぜというに彼は自分の生命がそれに託されている全体からもしかしたら切り離されるかも知れないという万一の結果について無限の観念を抱いているからである。もし微塵《みじん》でも一貫していないことがあればそれは彼にとっては途方もない喪失である、彼は実に一貫性を失うことになるからである、——その同じ瞬間におそらくは魔法が解けて、諸力を調和のうちに統合していた不可思議な力がその魔力を失い、バネはゆるみ、全体がおそらくは混沌と化し、そのなかで諸力が反乱を起して相互に戦うことになろう。自己にとって痛ましいことにはもはや自己のうちにはもはや自己自身とのいかなる一致も見出されず、何等の前進も衝動もない。一貫しているときにはその鉄のような強さにもかかわらずきわめてしなやかでありその一切の力にもかかわらずきわめて柔軟であった巨大な機械がいま狂い始めたのである、——機械が優秀な偉大なものであっただけ、その混乱はいよいよ戦慄すべきものとなる。かくて善の一貫性のうちに安住しつつその生を保っている信仰者は、それでまた微塵の罪をも無限に恐れるのである、なぜなら彼は無限に多くのものを失わなければならないのだから。直接的な、子供らしい、ないし子供じみた人間は全体を失わなければならないということはない、彼等は単に断片的にかつ断片的なものだけをつぎつぎに失ったり獲《え》たりするのである。

信仰者についていわれたと同じことがその反対である悪魔的なるものについてもいわれうる、ただし今度は罪のそれ自身における一貫性に関してである。酒飲が日々酔いを絶えず保とうとしているのは、酔いが中断されてまる一日全然しらふでいなければならぬときにはいりこんでくるであろう無力状態とそれからの可能的な諸結果を怖れてであるが、悪魔的なるものもちょうど同様である。しかり、もしも誰かが善人を誘惑しようとして歩み寄りその眼前に諸々の罪をいろいろな魅惑的な形で展げてみせるとするならば、善人はその人に向って「私を誘惑しないでくれ」と懇願するであろうように、悪魔的なるものの場合にもそれと全く同じ例が見られるのである。悪魔的なるものもまた、もしも善の点で彼よりも卓越している何人かが彼に善をその祝福された崇高性において提示しようとするならば、おそらく彼はどうか自分には何にもいわないでくれ、どうか自分を弱くしないでくれ——彼は実際こういう言葉を使うのである——といって、自分のために懇願する、涙を流しながら自分のために懇願するであろう。なぜというに悪魔的なるものはそれ自身に一貫的であり、悪の一貫性のうちに立っているものであるが故に、彼もまた全体を失わなければならないからである。もしほんの一瞬間でもその一貫性から足を踏みはずすことがあれば、ほんのちょっとした衛生上の不用心があったり、ただの一度でも側見をすることがあったり、また全体或いは全体中のただの一部分でもほんの一瞬間でも違った仕方で見られたり理解されたりすることがあれば、悪魔的なるものは、自分でもそういうように、おそらくはもう二度と決して彼自身とはなりえないのである。というのは、自分はどうしてもそれでは救われえないという理由で彼が一たん絶望的に放棄し去った善が、今もなお彼の心を乱すことがありうるのである、彼が再び一貫性の全速力の進行のなかにはいりこむことを不可能ならしめ、彼の気を弱くすることがありうるのである。ただ罪の継続のなかでだけ彼は彼自身であり、かつ彼自身であるという感じを持ちつづけることができる、——ただそのなかでだけ彼は生きているのである。だがそのことは一体何を意味するであろうか？　その意味はこうである、——罪における状態は、彼がそのなかに沈み込んだ深い底に彼を止めておき、彼の無神的な状態を一貫性によって強化する所以のものである。彼を助けてくれるものは個々の新しい罪ではない（これは実に戦慄すべき妄想である）、個々の新しい罪は単に罪のうちに止まっている状態の表現にすぎないので、罪のうちに止まっている状態こそ本来の罪である。

それ故に「罪の継続」——このことを我々はいま問題にしようとしているのである

――という場合には、我々は個々の新しい罪のことではなく罪のうちに止まっている状態のことを念頭においていなければならない。さて罪のうちに止まっているかかる状態は更にそのなかでその罪の度を一層深化することになり、やがて罪の状態のなかに止まっているという意識をもって罪の状態のなかに止まっているという状態に達する、――かくて罪の度の強化される運動はここでもまた例のように方向を内面にとって、漸次強烈な意識のなかへとはいりこんでゆくのである。

a、自己の罪に関して絶望する罪。

罪とは絶望である。それの度の強まったものが自己の罪に絶望するという新しい罪である。これが度の強まった性格のものであることは容易に知られる。自己の罪に絶望することは一つの罪を反覆するというような意味での新しい罪なのではない(例えば前に百ターレルを盗んだものが次に千ターレルを盗むといったようなこと)。いな、ここでは個々の罪のことが問題になっているのではない。罪のうちに止まっている状態が罪なのである、そしてこの罪が新しい意識状態のなかでその度を強められることになる。

自己の罪に絶望するというのは、罪がそれ自身において一貫的になったないしはなろうとしていることの表現である。それは善とは何のかかわりももとうとはしない、時々ほかの話に耳を傾けるような気の弱いことではいけないと考える。いな、それはただ自己自身のいうことだけに耳を傾け、ただ自己自身だけを問題にして自己自身のうちに閉じ籠《こも》る、しかり、更にもう一重深い囲いのなかに自己自身をかくまうのだ、そして自己の罪への絶望にたてこもって善のがわからの一切の襲撃ないし追窮《ついきゅう》から身を守ろうとするのである。既に自己の背後の橋は切り落してしまったので、自己から善に到る通路も善から自己に到る通路もともに遮断《しゃだん》されていることをそれは意識している。したがってよしそれが或る弱い瞬間に自分で善をのぞむようなことがあるとしても、もはや善を意志することは不可能になっていることを、それは意識しているのである。罪はそれ自身善からの切断である、しかし罪に関する絶望は善からの第二の更に深刻な切断である。無論それは罪のなかから悪魔的なるものの最後の力を搾《しぼ》り出して、無神的な冷酷と頑冥《がんめい》を創り出すものである、――かくてこれは首尾一貫してすべて悔い改めと呼ばれるもの並にすべて恩寵と呼ばれるものをただに空虚な無意味なものとなすだけでなく、これ等を彼の敵と看なし、ちょうど善が誘惑に対して自己の身を守るのと全く同じように、これ等を最も警戒を要する最大の敵と考えるのである。こういう意味でメフィストフェレスが(ファウストのなかで)悪魔の絶望したものほど惨めなものはまたとないといっているのは当っている、というのはそこで絶望というのは何か悔い改めや恩寵の話を聞きたくなるほど悪魔が気が弱くなっているという意味に違いないから。(54)我々は罪から罪に関する絶望にまで到る上昇をこういうふうにいい現わすことができよう、——罪は善との絶交であり、罪に関する絶望は悔い改めとの絶交である。

罪に絶望するというのは、人が更に深く沈むことによって自己の身を支えようとする一つの試みである。軽気球に乗っている人は重い物を自己のもとから投げ棄てることによって上昇するように、絶望者もまた善——これはその重みによって人間を引き上げている——をいよいよ断乎《だんこ》として自己のもとから棄て去ることによって沈みゆくのである。彼は沈むのである、——自分では無論昇っているつもりでいるが、——もっとも彼が漸次軽くなることは事実である。罪はそれ自身絶望の戦いである、しかしあらゆる力が尽きてしまった場合には、新たに罪の度を強めることによって、悪魔的に新たに自己内閉鎖を固めることによって、すなわち自己の罪に絶望するというちょうどそのことによって、救われなければならない。これは前進であり悪魔的なるものにおける上昇である、そして無論これは罪のなかへの沈下である。それは悔い改めや恩寵のことはもはや何も知るまいと最後的に決意を固めることによって或る力としての罪に新たなる関心としたがってまた支持とを与えようとする試みである。にもかかわらず自己の罪に絶望せる者は自己自身の空虚をよく意識している、――自分は生命の糧《かて》となるべきものを微塵も所有してはいないこと、自分自身の自己に関する観念さえももはや所有してはいないことをそれはよく意識している。シェクスピヤが彼のマクベスをして次のように叫ばしめているとき(第二幕、第二場)[55]、さすがに彼は人間の魂の深い理解者であることを示している、――「これからは(彼が帝王を殺害しおえて、いまや自己の罪に絶望しているとき)人生にはもはやまじめなことは何もない、一切が虚《むな》しい、栄光も恩寵も死滅した。」巨匠的な筆致は最後の二語のうちに躍動している、――栄光と恩寵！　罪の故に(すなわち罪に絶望せることの故に)彼は恩寵への一切の関係を喪失した、――同時に自己自身への一切の関係をも。彼の利己的な自己は名誉欲において絶頂に達する。さて彼はいまや帝王となった、けれども彼は自己の罪に、更には悔い改めの現実性と恩寵とに絶望しているので、彼はまた自己自身をも喪失したのである。彼は自己自身に対してさえも自分の自己を主張することができない、――彼は恩寵を捉えることができないと同様に名誉欲を充足した自分の自己を享楽することもできないのである。

実生活においては(罪に関する絶望が実生活のなかに見出される限り、——とにかく人々がそう呼んでいるものが何かありはする)、人々は罪に関するこの絶望を大抵は誤って評価している、思うにそれは世間では人々が普通単に軽薄、無思想、ただの饒舌《じょうぜつ》のみを事としているので、何かちょっと深いものの現われにぶっつかると、甚しく勿体《もったい》ぶりだしてうやうやしく帽子を脱ぐせいである。いったい自己の罪に絶望している人間は自己自身並に自己の意義に関して混乱した不透明な意識しかもっていないか、それともちょっと偽善者のようなところがあったりするか、ないしはまた絶望者の誰もがもちあわしているところのかの狡猾《こうかつ》と詭弁《きべん》の助けを借りたりするかして、自分が何か善いものであるというような見せかけを与えることが案外好きなものである。そうするとそれが、その人が深い本性をもっており、そのためにまた自分の罪を非常に気にしている、ということの現われででもあるかのように考えられるのである。例えば! かつて何か或る罪に耽《ふけ》っていた人間が、その後暫らくの間誘惑に抵抗してそれにうち勝ってきたのが、また逆戻りして再び誘惑の虜《とりこ》になったとする、——さてこの場合に見られるその人間の憂鬱《ゆううつ》なるものは必ずしもいつも罪の故の悲しみであるとは限らない。それはいろいろの違ったものでもありうるのである、――例えばそれは摂理に対する憤りでもありうる、彼はまるで自分が誘惑の虜になったのは運命のせいででもあるかのように考えて、自分はこれまで長い間誘惑に抵抗してそれにうち勝ってきたのにこのような目に遭わせるというのは酷いではないかなどと摂理に対して憤りを感ずるのである。だがいずれにしてもこういう悲嘆を直ちに善人であることの徴候のように受取るのはあまりにも婦女子じみている。あらゆる激情は二義的なものなのではないか！　まことに無気味なことには、激情的な人間の場合、自分がいおうと思っていたこととの全く反対のことをいっていたことに自分で後になって気づいて、ほとんど気も狂わんばかりの思いにかられることがよく見られるのだ。おそらくそういう人間はいよいよ熱烈な調子で、この再度の罪の故に自分は悩み苦しんでおり、絶望の淵に投げ込まれているというようなことを人にいう。「もう決して自分を宥《ゆる》しはしない」と彼はいう。そしてこれらすべてが彼のうちにいかに多くの善が宿っており、彼がいかに深い本性の持主であるかということの現われであるというふうに考えられることになる。しかしそれは欺瞞《ぎまん》である。私はいまわざと「もう決して自分を宥しはしない」という合言葉を挿入した、これは人々がそういう場合に実によく耳にする言葉である。そして我々はまたほかならぬこの言葉を手懸りにして直ちに弁証法的な解釈を見出しうるのである。もう決して自分を宥しはしない！　けれどももしいま神が彼を宥そうと欲しておられるとしたら、彼にもまた自分自身を宥すだけの雅量があっていいはずではないか。あんなような罪をおかすようでは「もう決して自分を宥しはしない」といったふうに彼がいよいよ激情的な調子で語れば語るほど（いったいこういうもののいい方は、神に宥しを乞い求める砕かれたる心の懺悔《ざんげ》とはほとんど逆のものなのである）、それによってかえって彼は自ら少しもそれと意識することなしに実は自分の正体を曝露しているのである、——すなわち罪の故の彼の絶望は善の規定からは遥かに遠ざかったものであるということ、むしろそれは罪の度の一層強められた性格のものなのであり、それがすなわち罪への一層の沈潜であるということ。事実はこうである、——彼が誘惑に対して抵抗を試みながらそれにうち勝っていた間中、彼の眼には自分が実際以上に内面的に立派な人間になったように見えたのであった、そこで彼は自己自身を誇るに至ったのである。さて彼の誇りの関心の存する点は、過去をして全くの過去たらしめるにある。しかるに再犯によって過去は突如として再び全く現在となる。彼の誇りはこの回想を我慢することができない、そこで前述のような深い悲嘆が現われてくるといったようなわけである。しかし彼の悲嘆は明らかに彼を神のもとから連れ去るのであってみれば、実はそれは変装された自己愛と驕慢《きょうまん》にほかならない、――彼はあのように長い間誘惑に抵抗できるように自分を助けてくれた神に対して謙遜に感謝しつつ出発しようとはしないのである、また既にそのことが遥かに彼の力量以上のことであったことを神と自己自身の前に告白することもなく、更には自分がかつてどのようであったかを回顧しつつ謙虚な心になることもないのである。

この点に関してもまた例のように古い信仰の書の説き明かすところは非常に深いものがあり、多くの経験に裏づけられており、全く正しい路を指し示している。それの教えるところによれば、神は信仰者が躓いて何等かの誘惑に陥ることを時々わざと見すごしておられる、それはほかでもない、信仰者を謙遜ならしめてそれによっていよいよ固く善のうちにあらしめようとする考えからである。逆戻りとそれから善におけるおそらくはかなりの進歩との間の対照は非常に人の心を謙遜ならしめるものであり、そういう自分が同じ人間であるということは非常な苦痛である！　人間が立派であればある程それだけまた彼は自分の罪のために悩むのである、したがってもしも彼が方向転換を誤まるならばそれだけまた危険も大である、微塵の焦躁でさえも危険なのだ。おそらく彼は悲哀の故に暗黒な憂愁のどん底に沈むかもしれない、――そのときにお目出度い牧師はあたかもそれが善に起因することででもあるかのように考えて、彼の魂の深さと善が彼のうちに及ぼしている力の偉大さに驚嘆する。そして彼の妻は罪の故にそのように悲嘆にくれることのできるかくもまじめな神聖な夫と自分とをひき較べてみて、自分の心が非常に深く謙虚にされるのを感ずるのである。おそらく彼の言葉もまたいよいよ人を迷わせるようにできている、多分彼は「もう決して自分を宥すことはできない」などとはいわない（そうすると前には自分で罪を宥したことがあるような口ぶりになる。神を瀆《けが》すことだ！）、いな、多分彼は神が決して自分を宥してくれないだろうというのである。ああ、これもまた単なる欺瞞にすぎない。彼の悲哀、彼の憂鬱、彼の絶望は利己的なものである（これは罪に対する不安と同様である、この不安は罪なしにあることを誇ろうとしている自己愛にほかならぬ故に、かえって人間をしばしばその不安によってほとんど罪のなかに曳《ひ》き摺《ず》り込むのである）、そして——慰藉は彼が最も必要としないものである、その故に牧師が処方する慰藉用の諸々の思想の巨大な量はいよいよ病気を悪化させるだけのことなのである。

b、罪の宥しについて絶望する罪※（躓き）。

自己意識の度の一層の強化はここではキリストを知ることによって起る、すなわち人間がキリストに対して自己となることによって起る。最初に(前編において)人間が永遠なる自己を持っているということについての無知があった、次に或る永遠的なるものがそのうちに含まれているところの自己というものについての知識が現われた。更に(第二編への移行に際して)以上の区別にもかかわらずなお自己はまだ自己自身についての人間的な観念しか持っていないこと、換言すれば自己の標準がなお人間であることが示された。その反対は自己が神に対してあるということであった、そしてこれが罪の定義の基礎に置かれたのである。

※「自己の罪に関して絶望すること」と「罪の宥しについて絶望すること」との間の区別に注意して欲しい。

いまやキリストの前における自己が現われてくる、――ただしそれは絶望して自己自身であろうと欲しないところのないしは絶望して自己自身であろうと欲するところの自己である。なぜというに罪の宥しについての絶望は絶望の第一ないし第二の定式――弱さの絶望と強情の絶望――のいずれかに還元されなければならない、すなわちそれは躓いて信ずる勇気を失った弱さの絶望と、躓いて信じようとはしないところの強情の絶望とである。ただしここでは弱さと強情とがその役割を交換している(ここでは人間が端的に彼自身であろうと欲するかいなかが問題になっているのではなく、人間が罪人として、したがってその不完全性において、そうあろうと欲するかいなかが問題になっているのである)。最初には人間が絶望して彼自身であろうと欲しないのはその弱さであった。いまではそれが強情である、なぜというに人間が自分が現にあるもの(罪人)であろうとしないでしたがってまた罪の宥しについて何も知ろうと欲しないのは実に強情にほかならないからである。最初には人間が絶望して彼自身であろうと欲するのは強情であった。いまでは人間が絶望して彼自身(罪人)であろうと欲して、罪の宥しなどはないと考えるのは、実は弱さである。

キリストに対してある自己は、神が実にこの自己のために誕生し、人間と成り、悩みかつ死んだという事実による神のがわからの巨大な歩みよりと、更にこの事実の故に自己の上に負わされた巨大な重みとによって、その度の強められた自己である。さきに「神についての観念が多ければ多い程、それだけまた自己も多い」ということが語られたが、ここでもまた「キリストについての観念が多ければ多い程、それだけまた自己も多い」ということがいわれうる。自己はそれが尺度としている当のものと同じ性質のものである。キリストが尺度であるということは、神の側からいえば人間の自己がいかに巨大な実在性をもっているかということの最も力強い保証である。なぜというに神が人間の目標ないし尺度或いは尺度ないし目標であるということはキリストにおいて始めて真であるからである。——ところで自己が多ければ多い程、それだけまた罪の度も強烈である。

また別の側からいっても罪の度が強まっていることが証示される。絶望は罪であった、その度の強まったものが罪に関する絶望であった。いまや神は罪の宥しにおいて和解を提供する。ところが罪人は〔罪の宥しに〕絶望しているのであるから、その絶望は一層深刻な表現をうることになるのである。さて彼は或る意味では神との関係を保っているのであるが、しかしまさしくそのことによって彼は神から更に遠く離れ去ってゆくのであり、罪のなかに更に強烈に深まっているのである。罪人が罪の宥しに絶望している場合、ほとんどそれは彼が神に向ってまっすぐに肉薄しているかのように見える。「いや、罪の宥しなどというものは存在しない、それは不可能なことだ」というような言葉はほとんど口論の響きを帯びている、それは取っ組み合いのようにも見える。けれども人間がそのことをいいうるためには、またそのことが聞かれうるためには、神から質的に隔たっていなければならない、そのように近くで comminus 戦いうるためには、彼は遠く離れて eminus いなければならない、(56)——精神の世界の構造は音響学的に見ると実に奇妙である、この世界の間隔の関係は実に奇妙なのである。或る意味では神に肉薄してゆこうとしているところのこの否認の声が聞かれうるためには、人間はできるだけ遠く神から隔たっていなければならない。神へのありうべき最大の肉薄は神からの最遠の距離においてあるのである。神に迫ってゆくことができるためには、人間は神から遠く離れ去ってゆかなければならない。よし人間が神により近く近づくことができるとしても、彼は神にあまりに近く近づくことはできない、もしも人間が神にあまりに近く近づくとしたら、それはそのまま彼が神から遠く隔たっていることを意味しているのである。おお神に対する人間の無力よ！　もしも誰かが高い地位にある人間にあまりに近く近づいてゆくならば、おそらく彼はその罰にその人から遠く連れ去られるであろう、だが人間が神にあまりに近く近づきうるためには人間はまず神から遠く離れ去ってゆかなければならないのである。

世間ではこの罪(罪の宥しについて絶望する罪)は大抵誤って評価されている、特に人々が倫理的なるものを除き去ってしまって健康な倫理的な言葉が稀にしかいな絶対に聞かれなくなって以来そうである。人間が罪の宥しに絶望することが、美学的＝形而上学的にはより深い本性の徴候として尊敬されているのである、これはまるで子供に関して子供が腕白であることがより深い本性の徴候であると看なされるようなものである。人間と神との関係のなかから「汝為すべし」――これが唯一の統制原理である――ということが除き去られて以来どれほどの混乱が宗教的なるもののなかにはいりこんできたかは一般に信じられないくらいである。「汝為すべし」ということが宗教に関するあらゆる規定のなかに一緒に加わっていなければならない。ところがそのことの代りに人間は神の観念を冒険的にも自分を偉く見せるためのアクセサリーとして利用し、神の前で勿体ぶろうとしたのである。ちょうど政治生活において人々が反対党に所属することによって自分を偉いものに考えようとし、政府に反対しえんがために結局政府の存続を望むように、人間は神に反対することによって自己自身をもっと偉いものに考えようとして単にそれだけの理由で結局神を除き去ることを欲しないのである。昔の日に不敬虔な反逆性の現われとして戦慄をもって観られたことのすべてが、今日では天才的なことであり、より深い本性の徴候であると考えられている。かつては「汝信ずべし」ということが簡潔にそしてできるだけ荘重に語られた、今日では信じえないということが天才的なことでありより深い本性の徴候である。かつては「汝罪の宥しを信ずべし」と語られ、そしてこの原典に対する唯一の註釈は「汝がもしそれを為しえないならば汝は不幸を招くであろう、汝の為すべきことは汝は為しうるはずであるから」というにあった、今日では人間が宥しを信じえないということが天才的なことでありより深い本性の徴候であるのだ。これがキリスト教界の齎《もた》らしたすばらしい結果である！　もしも人間がキリスト教に関して何も聞かなかったならば、人間がこのように思いあがることはなかったであろう（事実また異教世界は決してこんなではなかった）、しかるにキリスト教的な観念が実に非キリスト教的な仕方で宙に浮いているので、それは極度に生意気なことに利用されるか、でなければ別の同じように厚かましい仕方で悪用されるのである。というのは、異教世界においてはまだおそらく風習とはなっていなかった神名濫用がかえってキリスト教界において全く堂々とその所をえているということは、まことに警句的である、——異教世界は神秘的なるものに対する一種の戦慄と恐怖とをもって、大抵は非常に厳粛な態度で神の名を呼んだのに対して、キリスト教界では「神の名」はおそらく日常の会話のなかで最もしばしば出てくる言葉であり、確に人々が何の意味もなしに最も無造作に用いる言葉である。憐れなる啓示の神は（これは上品な人間の流儀にしたがって自分を隠しておくことをしないで、不注意にも無分別にも自分を顕わにしたのである）民衆全体の間であまりにもよく知れわたった人物になってしまった、そして人々は時々教会にゆくだけでもうこの神に非常な好意を示したことになり、それにまた牧師からも賞讃される、――牧師は神の名において教会を訪問してくれた尊敬に対して人々に感謝し「御信心」の尊称を奉るのであるが、その逆に教会を訪れるだけの尊敬を神に対して示さない人々に対しては少しばかり厭味をいうのである。

罪の宥しに絶望するところの罪は躓きである。ユダヤ人がキリストが罪を宥そうとしたことの故にキリストに躓いたのは全く当然のことであった(57)。人間が罪を宥そうとするのに対して、信仰者でもない人間が（彼が信仰者である場合にはキリストが神であることを信じている）躓きもしないというのには特別に高度の無精神性（すなわちキリスト教界に普通に見出されるような）が必要である。次にまた罪が宥されうるということについて躓かないためにも同程度に特別の無精神性が必要である。要するにこれは人間的な悟性にとってはこれ以上に不可能なことはまたとないと思われるようなことである、――だからといって私はそれを信じえないという態度を天才的なりとして賞讃するのではない、それは信ぜらるべきものなのである。

異教世界においてはこういう罪は無論存在しえなかった。よし異教徒が罪についての真実の観念を抱きえたとしても(実際はそれは不可能であった、異教徒には神の観念が欠けていたのだから)自己の罪に関する絶望以上には彼は進むことはできなかったであろう。いや、異教徒もとにかく(これは我々が人間的な悟性と思惟に対して許容しうる最大限である)単に世間に関してまた一般に自己自身に関して絶望するだけでなく、更に自己の罪に関して絶望するという所まで現実に到達しえたのであるから、我々は彼等を嘆賞しなければならぬと思う。※自己の罪に絶望しうるためには、人間的に語るなら、深い心と自己自身への倫理的省察とが必要である。いかなる人間も人間としてはそれ以上に進むことはできない、そこまで進んだ人間もきわめて稀である。けれどもキリスト教的な立場においてはすべてが変ってくる、——汝は罪の宥しを信ずべきものである。

※　罪に関する絶望がここでは弁証法的に信仰の方向にむかって捉えられていることに読者は気づかれることであろう。かかる弁証法的なるものの存在を(もっとも本書では絶望は単に病として取扱われているが)我々は決して忘れてはならない、絶望もまた信仰における第一の契機であるという点に実に弁証法的なるものが存するのである。これに反して絶望が信仰並に神との関係から離れ去る方向にある場合には、罪に関する絶望は新しい罪である。精神生活においては一切

が弁証法的である。かくて躓きもまた止揚せられたる可能性としては信仰における一つの契機である、ただし信仰から離れ去る方向をもった躓きは罪である。我々は或る人間がキリスト教に躓くことさえもできないといってその人を非難することができる。この場合我々は躓くということは何か善いことででもあるかのように語っているのである。しかし他面また躓くことは罪である。

さて罪の宥しに関してキリスト教界はいかなる状態にあるか？　しかり、キリスト教界の状態は本来罪の宥しに絶望している状態である、ただこの状態がそれとして顕わにさえもなっていない程キリスト教界が退歩しているだけのことである。人々は罪の意識にさえも到達していない、彼等はただ異教徒も知っていたような種類の罪しか知らない、そして異教的な安らかさのうちに気楽に幸福に生きている。だがキリスト教界のなかに生きているのだから、彼等は異教世界よりも一歩前進している、――すなわち彼等はこの安らかさが罪の宥しの意識だと妄想している（実際またキリスト教界ではこれ以外ではありえない）、そして牧師達が教会員にそれを保証してくれるのである。

キリスト教界の根本的な不幸はもともとキリスト教である、――すなわち神＝人の教説が（これがキリスト教的な意味では逆説と躓きの可能性によって護衛されていることはよく注意してほしい）絶え間なく説教の対象となされることによって空虚なものにされたということである。その結果神と人間との間の質的相違が——最初は貴族的に思弁的に、次に大衆的に大道と裏町で——汎神論的に止揚された。(58) かつて地上におけるいかなる教説もキリスト教程に神と人間とを実際にあのように間近に齎《もた》らしたものはなかった、そのことは神自身以外の何人もなすことができなかった、あらゆる人間的な工夫は要するに夢でありあやふやな妄想であるにすぎない。けれどもまたいかなる教説も、神がかかる歩みをなし給うた後に、あたかも神と人間とは結局一つに帰するものであるかのように考えて、神がなし給うたこの歩みを人間が空虚なものにしてしまおうとするような最も戦慄すべき種類の神の冒瀆《ぼうとく》に対してキリスト教ほどに用心深いものはなかった、実にいかなる教説もそれに対してキリスト教ほどに自己を防衛したものはなかった、——キリスト教は躓きの助けを借りてその身を護ったのである。〔躓きの何たるかを知らぬ〕締りのない演説家達、軽薄な思想家達に呪いあれ! 彼等に学び彼等を嘆賞するその徒党全体の上に呪い、しかり、呪いあれ!

ところで秩序が現存在において保たるべきものであるとすれば(事実神はこれを欲する、神は混乱の神ではないから)(59)、まず何よりも各人が個体的な人間となりかつ個体的な人間であることを意識するにいたるように注意が払われなければならない。ところがもし最初に人間が群集(アリストテレスはこの点に動物の特色を見ている)のなかに没入することを許されるものとする、そうすると次に群集というこの抽象物(これは無よりも、最微少の個体的人間よりも、もっと無内容である)が何物かであると考えられるに至る、そしてまもなくこの抽象物が神となるのである。そうすると今度は実にこれが哲学的に神＝人の教説と一致するということになる。群集が帝王を威圧するものであり、新聞が参事官を威圧するものであることを人々が政治生活において知っているように、最後にいまや人々はあらゆる人間の総計が神を威圧するものであることを発見した。ついで人々はこれを神＝人の――すなわち神と人間とは唯一同一のもの idem per idem であるという――教説と名づけた。個体に対する人類の優位というこの教説の伝播《でんぱ》に協力した哲学者達の多くが、このように賤民が神＝人になるにいたるまでに教説が下落するに及んで嫌悪の念を抱きつつそこから背を向けたことはいうまでもない。けれどもこの哲学者達はこれが結局彼等の教説の帰結にほかならないことを忘れている、そして彼等の教説は、それが貴族達によって受け容れられていた頃にも、そして選り抜きの貴族達や選ばれたる哲学者達の群が自分達を神の化身のように思っていた頃にも、別にいまよりよけい真理性があったわけでもないことを看過しているのである。

要するに、神＝人の教説はキリスト教界を厚顔にした。ほとんど、神があまりに弱すぎたようにも見える。あたかも、気立のいい人があまりに大きな譲歩をしたためにかえって恩知らずの仕打をうけたというのと同じようなことが神にも起ったようにも見える。神＝人の教説を創りだしたのは神である、しかるにいまやキリスト教界はそれを厚かましく顛倒さして神に対して親戚がましい素振りを見せだしたのである。してみると、神がなしたところの譲歩は、此頃《このごろ》君主がより自由な憲法を容認する（これが何を意味するかは誰も知っている、「彼はそうせざるをえなかったのだ」）のとほとんど同じような意味のものとなろう(60)。それでいま神が狼狽《ろうばい》しだしたかのように見える、賢者がもし神に向ってこんなふうにいうとしたら、彼の言葉はもっともであるように思われる、——「これはお前自身の責任である、なぜお前は人間などにそんなに深くかかわりあったのか？　人間は決して神と人間との間にこのような同等性があるはずだなどということを自分で思いつくことはなかったろう、そういう考えが人間の心のなかに現われてくることは決してなかったろう！　お前が自分でそれを知らせたのだ、いまお前はその報いを刈りとっているのだ！」

けれどもキリスト教はそもそもの始めから自分を護衛していた。それは罪の教説をもって始まる。罪の範疇は個体性の範疇である。それ故に罪は思弁的には全然思惟せられえない。すなわち個体的な人間は概念以下にあるのである、我々は個体的な人間を考えることはできない、ただ人間なる概念を考えうるのみである。思弁がただちに個体に対する人類の優位の教説に堕したのはそのためである。一体現実に対する概念の無力を思弁に承認させようとするのは無理である。さて我々は個体的な人間を考えることができないと同様に、個体的な罪人を考えることもできない、我々は罪を考えることはできる（その場合罪は消極性となる）、しかし個体的な罪人を考えることはできない。だがまさにその故に、もしも罪が単に考えらるべきものであるとすれば、我々は罪を真剣に問題にすることはできないのである。というのは真剣な問題は罪一般ではなしに、我と汝とが罪人であるということである、真剣さの重みは個体であるところの罪人の上に懸っている。けれども「個体的人間」ということになると、思弁はそれが首尾一貫したものである限り、人間が個体的人間であるとか人間とは思惟せられえない何物かであるとかいうようなことに対しては、もともとそれはきわめて嘲笑的な態度をとらざるをえないのである。そして思弁が何かそういうことを問題にしようとする場合には、個体に向ってこういうに違いないであろう、――「これは一体人間がそれで時間をつぶすべきものなのであろうか？　個体などということはまずもって忘れるがいい、個体的人間であるというのは何でもないということである！　ただ思惟せよ、さすればお前は全人類である、我思う、故に我在り！　Cogito ergo sum」。けれどもおそらくまさにこれが虚偽なのかもしれない。そして個体的な人間こそが、人間は個体的な人間であるということこそが、最高のものなのかもしれない。しかしまあ思弁のいう通りだとしておこう。ところが思弁は、論旨を一貫させようとすれば、更にこういわなければならないであろう、――「個体的な罪人であるというのは何でもないということである、それは概念以下のことである。そんなことでお前の時間をつぶすのは止めにするがいい」等々。さてそれからどうなるであろうか？　おそらく我々は、勧告に従って、個体的な人間となる代りに人間なる概念を考え、個体的な罪人となる代りに罪を考えるべきなのであろうか？しからばそのさきは？　おそらく我々は罪を考えることによって自身「罪」となる（我思う、故に我在り）のであろうか？　すばらしい提案である！　もっとも我々はかく罪を考えることによって自身罪となり純粋の罪となりはせぬかなどと恐れる必要はない、なぜというに罪はまさに考えられえないものなのだから。このことはおそらく思弁自身といえども認めなければならない、罪は概念からの離叛《りはん》なのである。さて〔思弁的な〕前提からの e concessis(61) 論議はこれくらいにしておくが、主要な難点は実は別の所に存するのである。罪との関係においては倫理的なるものが一役演じているという点に思弁は注意を払っていない、——倫理的なるものはいつも思弁の敵役であり、それと正反対の方向に動いている、というのは、倫理的なるものは現実を捨象するのではなしにかえって現実のなかに深くはいりこんでゆくのである。すなわち本質的にはそれは、思弁によって看過せられ軽蔑されているほかならぬ「個体性」の範疇の助けを借りて作業するのである。罪は個体的なるものの規定である。或る人間が彼自身個体的な罪人である場合に、個体的な罪人であるということは全く何でもないことであるかのように振舞うということは、ふまじめなことであり新しい罪である。ここにキリスト教がはいりこんできて、思弁の前に十字を切る。あたかも帆船が激しい逆風にさからって前進することができないように、思弁もまたかの困難から脱却することはできない。罪の真剣さは個体における(それが汝であろうと我であろうと)罪の現実性である。思弁の立場では、個体的なるものは無視せらるべきものとされている。したがってひとは思弁的には罪についてただ軽薄に語りうるにすぎない。罪の弁証法は思弁の弁証法と対蹠的に対立しているのである。

ここでキリスト教は罪の教説とともにしたがって個体とともに始まる。※無論キリスト教は神＝人について、したがって神と人間との同一性について教える、けれどもキリスト教はまた一切の傲慢な或いは生意気な押しつけがましさをあくまでも憎むのである。神とキリストとは罪の、個々の罪の教説によって、君主が国民や人民や大衆や公衆等々に対してしたがってまたより自由な憲法への一切の要求に対して自己を護るのとは全然違った仕方で、断乎として自己を防衛したのである。これ等の一切の抽象物は神の前には全然存在しない、ただ個体的な人間のみが、ただ個体的な罪人のみが、キリストにおいてある神の前に生きているのである。しかも神はよく全体に心をくばることができる、だいたい彼は雀の世話までもすることができるのである。神は一般に秩序の友である、そしてこの目的のために彼自身はあらゆる場所に、あらゆる瞬間に現在しているのである、彼は遍在者（これは神に帰属せしめられている称号の一つとして教本にあげられているのだが、人々はときどきこのことに思いいたることはあっても、あらゆる瞬間に思いをこれにいたすことはおそらく決してなさないのである）である。神の概念は人間の概念――ここでは個体は概念のうちに現われえないものとして考えられている――のようなものではない、神の概念は一切を包括する、また別の意味では神はいかなる概念をももっていない。神は略語の助けを借りる必要がない、彼は現実そのものすなわち一切の個体を把握している、彼にとっては個体は概念以下にあるものではない。

※ 人類の罪に関する教説は、人々が次の点に注意しなかったために、しばしば誤用せられた、――罪は万人に共通のものではあるけれども、人間を社会とか会社とかいうような共通概念のなかに総括するものではなく、(「教会の墓場で戸外に死者の群が社会を形成することがないように」)むしろそれは人間を個体に散乱せしめ、それぞれの個体を罪人として固く押えておくものである、――この散乱は別の意味では現存在の完全性と調和もしているし、また目的論的に完全性の方向を目指してもいる。人々はこの点に注意を払わなかった、ついでまた堕落せる人類をキリストによってもう一度一挙に善たらしめたのである。かくてまたもやひとつの抽象物が神の頸《くび》にぶらさげられたのであり、この抽象物は抽象物のくせに、神とごく近い親戚だなどと主張するのである。だがそれは人間を厚顔にするだけの隠れ笠にすぎなかった。一体「個体」が神との親近性を感ずべきものとするならば(これはキリスト教の教説である)、それはかかる親近性の全重圧を恐怖と戦慄のうちに感ずるようにならなければならない、それは躓きの可能性を発見しなければならない(これがもし昔から発見されているのでないとしたら)。だが個体が抽象物を通じてかかる栄光に到達すべきものとすれば、事態はあまりにも浅薄化され、そして結局空虚なものになされてしまうのである。その場合には個体は神のかの巨大な重圧――これは個体を謙虚ならしめて底深く沈めるとともにまたそれを昂めるものである――を経験しない。個体はかの抽象物に関

与することによって一切を無造作に所有しうるものと自惚れるのである。人間的存在においては動物的存在におけるように個体がいつも種以下であるのではない。人間は普通に数え挙げられるところの諸々の長所によって他の種類の動物から区別されているだけでなく、個人が、個体が、種以上のものであるというそのことによって、人間は質的に他の種類の動物と異なっているのである。そしてこの規定が更に弁証法的である、——それは個体が罪人であることを意味しているとともに、しかもまた、個体であることが完全性であることをも意味している。

さて罪についての教説、我と汝が罪人であるという教説（「群集」を絶対的に散乱せしめるところの教説）は神と人間との間の質的相違をこれまでかつてなされたことがなかった程に（なぜならただ神のみがこれをなしうるのだから）深く確立する、——罪とは、神の前において云々。人間が（すなわちどの人間も）罪人であり、かつ「神の前」においてそうであるというその点において程人間が神からはっきりと区別されている点はほかにはない、かかる区別を通じて対立の両極が二重の意味において「組合されている」。——すなわちそれらは組合され且つ対照させられている、そしてどちらもお互から離れ去ることを許されないのである。ところがそのように組合されていることによって両者の区別がいよいよ極立ってくる、ちょうど二つの色を組合せるという場合と同じである、

──対立しているものは、並べておかれると、いよいよその対立が鮮明になる。opposita juxta se posita magis illucescunt. 人間について述語せられうるすべてのもののなかで、罪だけが、否定の路 via negationis においても肯定の路 via eminentiae においても、神について述語せられえない唯一のものである。もしも誰かが神は有限ではない(すなわち神が無限であるということを否定の路において表現したもの)ということを神について語るのと同じような意味で、神は罪人ではないというふうに神を述語づけようとするなら、それは神を瀆すことであろう。

人間は罪人として質的な絶対の深淵によって神から断絶せられている。神が人間の罪を宥すという場合にもやはり神がかかる質的な絶対の深淵によって人間から断絶せられていることはいうまでもない。そのほかの場合には、一種逆の形の順応によって神的なるものが人間的なるものに移されることもありえはしようが、罪の宥しというこの一点においては人間は永遠に神と等しくなる所には到達しないのである。

さてこの点に躓きの極度の集中が見られる、──神と人間との同一性を教えるところのほかならぬその教説がかかるものを必要と考えたのである。

ところで躓きは、個体的人間の主体性の最決定的な最高の規定である。もっとも、躓くところの人間を考えずに躓きを考えることは、笛を吹く人間を考えずに笛の音楽を考えることよりはまだしも可能であろう。(62) だが思惟にしても、躓きが恋愛にもまさって非現実的な概念であることはおそらく認めざるをえないであろう、——躓きという概念は、躓くところの人間、個体、が出現してくるその都度始めて現実的なものとなるのである。

そこで躓きは個体に関係する。それとともにキリスト教が始まる、すなわち各人を個体に、個体的な罪人になすことによってキリスト教が始まるのである。さてそれは天と地とが躓きの可能性について掻《か》き集めうるような(神がその世話をしてくれる)一切のものを一点に集中する、——それがキリスト教である。それからキリスト教は各個体に向って話かける「汝は信ずべきである」、——すなわち「汝は躓くか信ずるかいずれかをなすべきである。」もうそれ以上何も話さない、それ以上もう何も附け加えることはないのである。「もうわしは話した」、と神は天上において語る、「永遠界で再び語りあうことにしよう。それまでの時間にお前が何をなそうとそれはお前の勝手である、だが審判が迫っている。」

審判！ そうだ、我々人間は実際次のことを学んだし、また経験がそれを我々に教えてくれた、——例えば舟のなかで或いは軍隊において暴動が起った場合には、あまりに多数の人間が有罪なので人々は刑罰を断念せねばならぬのである。また公衆が、高い栄誉を贏《か》ちえている教養ある公衆が、或いは国民が、罪を犯す場合には、それはただにいかなる犯罪でもないばかりではなく、新聞によれば（我々は新聞を福音書や啓示と同じように頼りにして差支えがないのである）神の意志である。これは何に起因するか？審判の概念が個体に関係しているということに起因するのである。我々は集団的に審《さば》くことをしない。我々は人々を集団的に打ち殺すことも、集団的にそれに洗礼の水を注ぎかけることも、集団的にそれの機嫌をとることもできる、すなわちいろいろな仕方で人々を家畜のように取扱うことができる、しかし人々を家畜のように審くこと、これは不可能である。我々は家畜を審くことはできない、たとい非常に多数の人々が審かれたとしても、もし審判が真剣さと真理を含んでいるべきものとすれば、各個体が審かれているのである。※さて有罪者が非常に多くある場合には、人間の力ではそれをことごとく審き上げるわけにはいかない、それで人間は全体を放棄するのである。そこでは審判ということが全然問題にならないことがわかる。有罪者が多すぎるために審判しきれないのである。我々は彼等を個体としてもつことができない、ないし彼等を個体にすることができない、そこで我々は裁判を断念しなければならないのである。

※ 見よ、神が「審判者」であるのは、彼の前にはいかなる群集もなく、ただ個体のみがあるからである。

さて我々の啓蒙的な時代においては神を人間と同じような形体をもち人間と同じような感情をもつものと考えるような擬人的な神観は時代遅れとなされているにもかかわらず、審判者としての神だけは広汎な事柄をすばやく片づけることのできない普通の区裁判所の判事や陪席判事のようなものと考えても別に時代遅れともなされていないという点からして、人々はこれは永久にこのままですすむものだという推論をくだすのである。そこで、それでは我々は一致団結して牧師がそういう具合に説教するように手配して我々の安全を図ろうではないかということになる。もしも違ったふうに話をすることをあえてするような人間がいたら、すなわち愚かにも恐怖と戦慄のうちに自分の生活を責任に充ちたるものとなし他人をもまたそれで煩わすような人間がいたら、我々は彼を気狂いと看なすか或いは必要な場合には彼を打ち殺して我々の立場の安全を図ろうではないか。我々が多数でありさえすれば、それは何も不正ではないのだ。多数者が不正をなしうるなどというのは背理であり時代遅れである、多数者のなすことが神の意志である。この智慧の前にこれまですべての人間が、王様も皇帝も閣下も、皆頭を下げた、——我々はこのことを経験で知っている(我々は無経験の若者ではないのだ、我々は経験のある大人としてものを言っているので、決して無意味な言葉は吐かない)、この智慧のおかげですべてわれわれの種属はこれまで養われてきたのだ、——してみれば、神かけていうが、神もまたそのうちにきっとその前に頭を下げるようになるだろう。要するに問題は我々多数の者が本当に多数になって一致団結するにある、我々がこれをなしさえすれば、永遠の審判に対してもまた安全だというものだ。

いうまでもなく事実彼等は安全であるであろう、——もしも彼等が永遠の世界に到って始めて個体となるものであるとしたら。だが彼等は神の前にいつも個体であったし、現にまたそうである。ガラスの戸棚のなかに坐っている人間でも神の前にある人間ほど気恥ずかしい思いをすることはなかろう、——神は人間の隅から隅までを見透しているのである。良心との関係がこれを示している。良心の助けによって、審判の報告が直ちにあらゆる罪に同伴するように仕組が出来上っている、そしてその報告を書かなければならないのは罪人自身である。もっとも報告は秘密のインキで書かれるので、それは永遠の世界において光にかざされるときに、すなわち永遠が良心を吟味するときに、始めて完全に明瞭になるのである。要するに誰でもが永遠の世界にやってくるときには、彼が犯したないしは等閑に附したどんな些細なことをもことごとく書き入れた明細な報告を身に携えていってそれを手渡すのである。だから子供でも永遠界の審判を掌《つかさど》ることができるくらいである、そこではもともと第三者は何もすることがない、一切が、人間の口から出た最も無意味な言葉までもすべて調査が出来上っているのである。永遠に到る人生の旅路において罪を犯す者は、ちょうど自分の犯行の現場から汽車に乗ってその速度に頼ってその現場と自分の犯罪から遁《のが》れ去ろうとするかの殺人者に似ている。ああ実に彼が乗っている客車の下を彼の人相書と彼をすぐ次の駅で逮捕せよという指令が電信で走っているのである。彼が停車場に着いて車から降りるとき、彼は逮捕されるのである、――彼はいわば報告を自分で身に携えていったのである。

それ故に、――罪の宥しに絶望することが躓きである。躓きとは罪の度の強まったものである。普通人々はそのことを全然考えない、人々は普通には躓きをほとんど罪のうちに数えない、――それは彼等が一般に罪について語ることをしないで、そこでは躓きがいかなる場所をも見出しえないような個々の罪についてのみ語るからである。いわんやまた人々は躓きを罪の度の強まったものとして理解してはいない。それは彼等が罪の反対を（キリスト教的に）信仰のうちにではなく、（異教的に）徳のうちに見ていることに起因するのである。

c、キリスト教を積極的に廃棄し、それを虚偽なりと説く罪。

これは聖霊を瀆す罪である。ここでは自己の度は全く絶望的に強められている。それはただにキリスト教全体を自己から投げ棄てるだけではなく、更にそれを欺瞞であり虚偽であるとなすのである。自己自身についての何という途方もない絶望的な観念をその場合自己はもっていなければならないことであろう！

我々が罪を人間と神との間の戦いとして把捉するとき、罪の度の強まりが明瞭に示されてくる、——この場合戦術が変って防禦から攻撃に移るときが、罪の度の強まったときである。絶望は罪である、——ここでは戦いが逃避的になされる。ついで自己の罪に関する絶望がやってくる、——ここでは戦いがもう一度逃避的に、すなわち自分の退却地点にたてこもりながら、しかも一歩一歩退却しながら pedem referens なされる。いまや戦術が変えられる、——罪は絶えず自己自身のうちに深まっていって神から遠ざかりながら、それによってかえって罪は別の意味では神に近づいていって絶えず決定的に自己自身となるのである。罪の宥しに絶望することは神の慈愛ある申出に対する一定の身構えである、罪はもはやただ逃げはしない、罪はもはや単に防禦的ではない。キリスト教を虚偽なりとし欺瞞なりとして廃棄するところの罪は攻撃的な戦いである。先行のあらゆる段階においては罪は何といっても或る程度まで敵手に対して向うが強いことを認めている。だがいまや罪は攻撃を始めるのである。

聖霊に逆らう罪は躓きの積極的な形態である。

キリスト教の教説は神＝人の、すなわち神と人間との間の親近性の教説である、この場合(よく注意して欲しい！)躓きの可能性は、もしこういうことを許されるとすれば、人間が神にあまりに近く来ることがないように神がよってもって自分の身を護る所以の保証である。躓きの可能性はあらゆるキリスト教的なるものにおける弁証法的契機である。もしこれが取り去られるならば、キリスト教は異教と異なる所がないだけでなく、或る非常に空想的なものになってしまうので、異教はこれを饒舌であると説くに違いない。キリスト教の教説におけるように人間があんなにも神の間近かにあるということ、人間がキリストにおいてあのように近く神に近づくことができ、近づくことを許され、また近づくべきでもあるということは、かつていかなる人間の心にも思い浮ばなかったことであった。さてもしもこのことが端的に、全く当然のこととして、微塵の留保もなしに、全然無遠慮にそのまま受け容れらるべきものであるとしたら、それこそキリスト教は、もし神々に関する異教の創作を人間的狂気と名づけるとすれば、これは神による狂気の思いつきである。ただ悟性を喪失せる神のみがそのような教説を思いつきえたのである。いまなお自己の悟性を保持している人間はこう判断せざるをえない。肉となれる神は、もしも人間がかくも無造作に神の同輩になれるものとしたら、シェクスピヤのヘンリー王と好一対であろう。

　神と人間とはその間に無限の質的相違の存する二つの質である。この相違を看過するあらゆる教説は人間的にいえば狂気であり、神的に評すれば、瀆神である。異教においては人間は神を人間となした（人＝神）、キリスト教においては神は自己を人間となす（神＝人）。けれども彼のこの慈悲深い恩寵の無限の愛のなかで神は一つの条件を持ち出す、――彼はそうせざるをえないのである。「彼はそうせざるをえない」ということのことが実にキリストの悲哀である。彼は自分の身を卑しめ、下僕の姿をとり、人間のために悩みかつ死ぬことができる、彼は万人をわれに来れと招き(63)、彼の生涯の毎日をも彼の日々の毎時間をもいな生命そのものでさえをも彼等のために捧げることができる、――しかし躓きの可能性だけは彼はどうしても取り除くことができないのである。ああ、愛の唯一の行為よ！　ああ、愛の底知れぬ悲哀よ！　神御自身ですらも如何ともなし難いことがあるのだ。或る意味では神がそれを欲しないからでもあろうし、また欲することもできないのである、いなよし彼がそれを欲し給うたとしても如何ともなし難いことなのである、——神のこの愛の行為がかえって逆に人間を極端に悲惨な状態に陥れることになるかもしれないというそのこと！　というのは人間にとっての考えられうべき最大の悲惨は、罪よりも更に大なる悲惨は、人間がキリストに躓いて躓きの状態のうちに止まっていることである。そしてこのことだけはキリストも、「愛」も、如何ともなすことができない。見よ、その故に彼はいい給うのである、「我に躓かぬものは幸いなるかな。」[64]　彼はそれ以上どうすることもできない。したがって彼は（こういうふうになることはありうる）彼の愛の故にかえって人間が普通には決してなりえないような悲惨な状態に人間を陥れることがありうるのである。ああ、愛における底知れぬ矛盾よ！　だからといって愛の業をなすことをあえて棄て去ることは彼には愛の故に忍びない。ああ、だがもしそのことのためにかえって人間を彼が普通には決してそうならなかったであろうような悲惨な状態に陥れることになるとしたら！

そのことについて全然人間的に語ってみよう。愛の故に一切を捧げようとする衝動を感じたことのなかった人、したがってそのことのなしえなかった人、ああ、これは何と憐れむべき人間であろうか！　けれどももしも人間が愛の故のほかならぬ彼のこの献身の故に、もう一人の人すなわち彼の愛人が最大の不幸に陥ることになるかもしれぬということを見出さねばならなかったとしたら、どうであろうか？　そこでは次の二つの場合が考えられる。その際彼の愛が緊張力を失い、その力強い生命が途絶えて悲哀の感情の故の閉鎖的な煩悶にまで萎縮し、やがて彼は愛を見捨ててしまう、――彼は愛の業をあえてなす勇気をもたなかったのである、かくして彼はくずおれる、愛の業のもとにくずおれるのではなしに、前述の可能性の重圧のもとにくずおれるのである。というのはちょうど分銅は竿の端の方にもってゆかれた場合にどこまでも重くなりまさるのであり、それを持上げようとする人はそれと反対の端をにぎらなければならないようなもので、いかなる業もそれが弁証法的なものとなるにつれてどこまでも困難の度をまし加えてくるのである、そしてそれが共感的＝弁証法的なものとなるときに困難はその絶頂に達する、――かくて愛が愛人のためになすべく駆りたてたそのことを、別の意味において、愛人に対する心遣いがそれを思い止まらせるように思われるのである。――もう一つの場合には、今度は愛が勝利を占めるであろう、そして彼は愛による冒険をあえてする。

ああされど、愛の喜悦(愛はいつも悦ばしきものである、特にそれが一切を捧げるときには)のただなかに深い悲哀が潜んでいる、なぜというに彼が愛人に危害を及ぼしたかもしれぬという可能性が考えられるからである！　見よ、その故に彼は涙なしにはその愛の業を成就することも、おのが犠牲(彼自身に関する限り彼は歓喜してこれを捧げたであろう)を捧げることもできなかったのである。この——何といったらいいだろう——、内面性のこの歴史的絵画の上にはかの暗い可能性が漂っているのだ。といって、もしもこういう可能性がその上に漂っていなかったとしたら、彼の業は真実の愛の業ではなかったであろう。——おお、わが友よ、お前は一体この人生において何をなそうとしたというのか！　お前の頭脳を絞れ、一切の蔽いを払いのけよ、お前の胸のなかの感情の最内奥をさらけだせ、そしてお前をお前が読んでいるものから引離すところの一切の障壁をとりこわせ、さてそれからシェクスピヤを読んでみるがいい、——お前はあの諸々の矛盾の前に戦慄せしめられることであろう。しかし本来の宗教的な矛盾の前にはシェクスピヤでさえもたじろいでいたように見える。おそらくかかる宗教的矛盾はただ神々の言葉によってのみ表現せられうるのである。いかなる人間もこの言葉を語ることができない、——なぜなら(既にギリシア人が非常に美しくいい現わしたように)人間は

語ることを人間から学ぶのであり、神々からは沈黙を教えられるのである。(65)

神と人間との間に無限の質的相違が存するというその点に、取り去ることのできない躓きの可能性が存する。愛の故に神は人間となる、神は語る、——「見よ、ここに人間の真の姿がある、おおされど」と彼は附け加える、「汝心せよ、我は同時に神である、我に躓かぬ者は幸いなるかな。」神は人間として卑しい下僕の姿をとる、——誰も自分は除けられているなどと考えぬように、また人間を神に近づけるものは人間的な声望や人間の間の声望であるなどと考えぬように、神は卑しい人間であることの何たるかを目のあたり示すのである。いや、彼は卑しい人間である、そして彼は語る、——「我を見よ、そして人間の何たるかを悟れ、おおされど汝心せよ、我は同時に神である、我に躓かぬ者は幸いなるかな。」或いは逆に、——「父と我とは一つである、されど我はこの孤独なる卑しき人間である、貧しく、見捨てられ、人々の手に付され——我に躓かぬ者は幸いなるかな。」「我、この卑しき人間たる我こそ、聾者を聞かしめ、盲人を見せしめ、跛者を歩ましめ、癩病人を潔《きよ》め、死人を甦らしむる者である、我に躓かぬ者は幸いなるかな。」

それ故に私は至上者の前に責任をとってあえてこういおうと思う、——「我に躓かぬ者は幸いなるかな」というこの言葉はキリストの宣教のなかに一緒に含まれているのである、――たとい晩餐開始のときの言葉と同じほどの重さにおいてではないにしても、少なくとも「各自自らを省みるべし(66)」というあの言葉のような仕方で。それはキリスト自身の言葉である、この言葉は特にキリスト教界においてはいつもくりかえししっかりと教えこまれ各人に一人一人いい聞かされなければならない。※どこでもこの言葉が一緒に響いていない所では、ないしは少なくともキリスト教的なるものの叙述があらゆる点でこの思想によってうち貫かれていない場合には、そういうキリスト教は神を冒瀆するものである。というのはキリストは護衛も従者もなしに――彼に道を備え、いま来るのは一体誰であろうと人々の眼をそばだたせるような護衛も従者もなしに――卑しい下僕の姿でこの地上を歩いていた。しかし躓きの可能性(ああ、これはキリストの愛のなかでどれほど彼の心を痛めていたことであろう!)がキリストと、彼に密接し彼のすぐ間近に立っていた者との間に、絶対の深淵を断乎として介在せしめるのである。かくて躓きの可能性がかつてキリストを護衛していた、いまもなおそれが彼を護衛しているのである。

※　実際キリスト教会では今はほとんどどこでもこうである。その場合人々はキリスト自身が幾

度もくりかえして彼の心の奥底から躓きを警戒せられた（彼の生涯の終りに当ってもなお、そして始めから彼に従っており彼のためには一切を捨てていた彼の忠実な使徒達に対してさえ、躓くことなきよう警戒せられた）ことを全然無視しているか、でなければ彼等の心の底でそれをキリストの度を越した苦労性であるかのようにさえ考えているのである、――特に躓きの可能性に少しも気づくことなしにキリストへの信仰をもつことがありうるということを無数の人々の経験が保証しているというわけなのだから。だが思うにこれは、躓きの可能性がキリスト教界を審判するために出現してくるときに必ずや曝露されるであろう誤謬である。

さて躓かない人は、信じつつ礼拝している。けれども信仰の表現である礼拝は同時に、礼拝されるものと礼拝するものとの間に質の絶対的な深淵が口を開いて立ち塞《ふさ》がっていることを表現している。というのは信仰においては再び躓きの可能性が弁証法的契機なのである。※

※　ここに観察者に対する小さな課題がある。わが国並に外国において説教をなしまた説教を書いている多くの牧師達のことごとくが信心深いキリスト教徒であるとしたら、我々の時代に特に適わしいと思われる次の祈りが少しも口にされないしまた書かれてもいないということの現象がどうして説明せられえようか、――「天に坐す神よ、貴方が人間にキリスト教を概念的に把握することを要求されなかったことを、感謝致します。もしこのことが要求せられたならば、私はすべ

ての人々のうちで最も憫《あわれ》むべきものでございましたでしょう。キリスト教を概念的に把握しようと努めれば努めるほど、いよいよ私にはキリスト教が不可解なものに思われてきて、躓きの可能性をいよいよ多く発見するだけのことでございます。それで貴方が信仰のみを要求されたことが私には感謝に耐えません、——御心によって今後も私の信仰がいよいよ増し加えられますようにお祈り申上げます。」思うにこの祈りは正統派の立場からしても全く適切なものであろう。さてもしこの人が本当にまじめにこう祈っているとしたら、これは同時に思弁の全体に対する適切な皮肉でもあろう。だが一体地上に信仰が見出されうるであろうか?

我々が今ここで問題にしている種類の躓きは明瞭に「積極的」modo ponendo(67)なものである、それはキリスト教を虚偽なりとし欺瞞なりとして宣言するものである、したがってキリストについても同じことを言うものである。

この種の躓きを解明するためには躓きの種々なる形態を通覧するのが最も好都合である、——躓きは原理的に逆説(キリスト)に相応するものであり、かつキリスト教的なるものの一切の規定のもとで(そのような規定のどれもがキリストに関係しキリストを念頭においているものなるが故に)くりかえし出現してくるものである。

躓きの最低の(人間的にいえば、最も無邪気な)形態は、キリストに関する全問題を未決定のままに残しておいてこう判断するものである、——「私はこの点に関してはあえていかなる判断をも下さない、私は信仰もしないが、判断を下すこともしない。」これが躓きの一形態であることを大抵の人は看過している。本当をいうと、人々はキリスト教的な意味での「汝為すべし」ということを全く忘れてしまっているのである。そのために彼等はキリストに対してそのような無関心な態度をとることが躓きであることを洞察しないのである。キリスト教が汝に宣べ伝えられたということが、汝がキリストに関して或る意見をもつべきだということを意味しているのである。キリスト自身が、ないしキリストが現存しかつ現存していたというその事実が、現存在の全体にかかわる決断である。キリストが汝に宣べ伝えられたとすれば、「私はその点に関してはどういう意見をも持とうとは思わない」というのは躓きにほかならない。

けれどもキリスト教が現に見られるようにごく貧弱にしか宣べ伝えられていない我々の時代においては、上述のこともまた若干の制限を附して理解せられねばならない。キリスト教が宣べ伝えられているのを耳にした人は確に幾千となくいるが、しかし彼等は一度もこの「汝為すべし」ということについては何も聞いたことがないのである。だがそれを聞いたことがありながら、しかも「私はその点に関してはどういう意見も持とうとは思わない」という人は、躓いているのである。すなわち彼はキリストの神性を否定しているのである、なぜというにキリストに関して或る意見を持つことを人間に要求する権利を彼はキリストから奪い去るのであるから。たとい彼が「私は事実キリストについては何も言っていない、しかりともいなとも言っていない」といって弁明しようとしても駄目である、我々は更に彼に向ってこう問いつづけるだけのことである、――「君はキリストに関して自分が意見を持つべきであるかいなかという点についても、どういう意見をも持っていないのであるか?」彼がもしそれに対して、「無論それは持っている」と答えるとすれば、彼は自らを縛することになる、もしまた「持っていない」と答えるとすれば、彼はやはりキリスト教によって罪ありとせられるのである、なぜというに彼はその点に関して、したがってまたキリストに関して、意見を持つべきものなのであるから。何人といえどもキリストの生涯を骨董品《こっとうひん》のようにそこに飾ったままに放っておくという不遜《ふそん》をあえてなすことは許されないのである。神が誕生して人間となったということは神の暇な思いつきではない、――たとえば神がおそらくは退屈を免れるために(厚顔にも神の存在は退屈と結びついているなどといった者がある)(68)とにかく何かやってみたいということでそれに思いいたったというようなわけのものなのではない。神はまた冒険を体験するためにそれをなしたのでもない。いな、神がもし人間になったとすれば、その事実は人生の一大事である。そして更にこの一大事のなかの一大事は、各人がその点に関して意見を持つべきだということである。国王が田舎の都市を訪れた場合に、役人が正当なる事由なしに伺候を怠るとすれば、国王はそれを自分に対する侮辱と看なすであろう、更にもしも彼が国王が街にきておられるという全事実を無視して、「国王が何だ、国法がどうしたというんだ」とまるで野にある人間のように空嘯《そらうそぶ》くとしたら、国王は何と考えられるであろうか？　神が人間になろうと思召《おぼしめ》されたときに、或る人間（人間は本来いわば神の役人である）が「いや、そのことについては私はどういう意見をも持ちたくないと考えている」といおうと欲しているとしたら、これも前の役人の場合と同じことである。彼は自分が結局不問に附していることについてかくも尊大に語っているのである、――要するに彼は尊大にも神を不問に附しているのである。

躓きの第二の形態は否定的な、ただし受動的なそれである。この形態にある人はキリストを無視することは自分にはできないということをよく感じている、それでキリストのことはそのままにしておいて日常は平気で多忙な生活を送っているなどということはできない。しかし彼はまた信仰することもできない、彼は絶えず同じ一つの点を、逆説を、じっと凝視しているのである。その限り彼は何といってもキリスト教を尊敬しているのであり、「キリストはお前にはどう思われるか？」(69)というこの問が真実に最も決定的なものであることを告白しているのである。躓きのこの形態においては人間は影のように日を送っている、彼の生命は自分を食い尽している、——彼はその心の奥底ではいつもこの決定を問題にしているのだから。かくて彼はちょうど不幸なる愛に悩む者が愛の実在性を示しているのと同様に、キリスト教がいかなる実在性をもっているものなるかをいい現わしている。

躓きの最後の形態は我々がいま問題にしているところの積極的なるものである。それはキリスト教を虚偽なりとし欺瞞なりとして、キリストを(彼が現存していたこと、並に彼が彼自らの主張された通りの人間であったこと)を仮現説的《ドケティッシュ》(70)にか合理主義的にか否定するもので、その結果キリストは現実性を失って見せかけだけの個体的人間になるか、或いはまたただの個体的人間になってしまうのである。かくて彼は(仮現説的に)現実性へのいかなる要求をももたない詩と神話に化するか、或いは(合理主義的に)神性へのいかなる要求をももたない単なる現実性になりおわるかのいずれかである。逆説としてのキリストのかかる否定のうちにはいうまでもなく更に一切のキリスト教的なるもの——罪・罪の宥し等々——の否定が含まれているのである。

そして躓きのこの形態は聖霊に逆らう罪である。ユダヤ人達がキリストについて「彼は悪鬼の助けによりて悪鬼を逐いだすなり」[71]と語ったのとちょうど同じように、この形態の躓きもまたキリストを悪鬼の所産なりとなすのである。

この種の躓きは、罪の度がその極限にまで強められたものである、――ひとびとが大抵の場合この事実をみのがしているのは、彼等が罪対信仰という対立をキリスト教的に形づくることをしないからである。

ところがこの対立こそは本書の全体を通じて主張されてきたものであった。本書はその冒頭において（第一編、一のA）、そこには絶対に何等の絶望も存しない状態を示す定式を掲げておいたのである、――自己が自己自身に関係しつつ自己自身であろうと欲するに際して、自己は自己を措定した力のなかに自覚的に自己自身を基礎づける。この定式は、既にしばしば注意されたように、同時に信仰の定義でもある。

訳　註

（1）　キェルケゴールの本書における匿名アンティ＝クリマックスは、彼の著『哲学的断片』の匿名ヨハンネス＝クリマックスに対するものである。後者が非キリスト教的な立場からキリスト教への道を辿ろうとしているのに対して、アンティ＝クリマックスは厳密な意味でのキリスト者として本書のなかでものをいっているのである。

（2）　「神を愛する者、即ち御旨によって召されたる者の為には、凡《すべ》てのこと相働きて益となるを我らは知る」（ロマ書、八・二八）という言葉がここで念頭におかれている。「教化」Erbauung という概念はキェルケゴールの全著作を通じて重要な意味をもっている。「教化」は、いわゆる大学の講義とは対照的に、あくまでも個々の人間に主体的に働きかけていって、個体的人間の実存を神との関係においてゆすぶり目覚めさせ深化させることを目指すものである。それははっきりと「キリスト教的な」範疇である。

（3）　ここでヘーゲルの哲学体系、特に歴史哲学が念頭におかれていることはいうまでもない。

（4）　ここでの「欲する」にあたるデンマーク語の原語 ville は英語の will よりも遥かに意志的な意味が強い。「自己自身であろうと欲する」は、「自己自身であることを決断して選ぶ」というくらいの強い意味である。

(5) キェルケゴールの原稿の欄外にはこの言葉の出所としてデンマークの詩人 Johannes Ewald (1743-1781) の名が記されている。

(6) マルコ伝、九・四八「彼処にては、その蛆つきず、火も消えぬなり」

(7) ラテン語のままによく引用される。**Aut Caesar aut nihil.** ボルギアス皇帝の標語。

(8) プラトンの『国家篇』第十巻参照。

(9) マタイ伝、二十・一二「この後の者どもは僅に一時間働らきたるに、汝は一日の労と暑さとを忍びたる我らと均しく之を遇へり」

(10) デュナミスはアリストテレスにおいて、潜勢ないし可能性を意味する。これに対するものが現実性としてのエネルゲイア。

(11) ドイツ語で **Erwiderung**、デンマーク語で **Replikken**。劇の対話のなかで登場人物が自分の立場と役割にとって本質的なことを含蓄深くいい現わすこと。キェルケゴールの著作のなかにしばしば出てくる言葉である。ここでは単に「語る」と訳しておいた。

(12) **instar omnium** はラテン語で「全体を代表するないし全体に相当する」の意。

(13) 本書において **Phantasie** はときにはいわゆる「空想」の意味に、またときにはドイツ観念論哲学における「想像力」ないし「構想力」の意味に用いられている。或いは「構想力」と「空想」とが密接不離の聯関において捉えられている点に本書におけるキェルケゴール独自の洞察が存するともいえよう。生産的構想力をあらゆる範疇の根源として捉えるフィヒテの考え方は特に一七九四年の『知識学』のなかで詳細に展開されている。フィヒテはここで構想力を、諸々の範疇と直観形式とを措定する所以の自我の働きとして捉えている。なおキェルケゴールの自己論に対するフィヒテの自我論の影響については近時いろいろな学者が注目している。

(14) ここに言及されているロシアのオーケストラは六十人の角笛吹手から成っており、一つの角笛は一つの音だけを出すことになっていた。

(15) この引用符中の文章は実はキェルケゴール自身の日記からのものである。すなわち彼自身の絶望の言葉でもあった。一般に本書中の一見客観的な絶望の叙述のなかには彼自身の精神的状況の自己分析が深刻に織りこまれている点は注意せられねばならない。

(16) ルカ伝、十・四二「されど無くてならぬものは多からず、唯一つのみ、マリヤは善きかたを選びたり」

(17) マタイ伝、十六・二六「人、全世界をもうくとも、己が生命を損せば、何の益あらん」

(18) アペイロンは「限界なきもの」、ペラスはそのアペイロンを限定する原理としての「限界」の意。ギリシア哲学の用語。

(19) マタイ伝、十九・二六「これは人に能《あた》わねど、神は凡《すべ》ての事をなし得るなり」

(20) 「詩人中の詩人」とはむろんシェクスピヤのこと。キェルケゴールはその生涯を通じてくりかえしシェクスピヤを読みかつ高く評価していた。彼は英語を知らなかったので、引用はすべてシュレーゲルのドイツ語訳からである。なおここに「第三幕、第三場」とあるのは、「第三幕、第二場」の間違い。

(21) ヒルシュの註釈によれば、「酸素」という言葉が出てくる二個所は原稿ではブランクになっていて、欄外に「窒素に対立するものは何か?」と記されていた。校正の際に始めて「酸素」という言葉がいれられた由である。

(22) 天使の堕落したものとしての悪魔が純粋な精神とみなさるべきだという見解は既に教父達(アウグスチヌス等々)の間に見られる。

(23) スピノザは『エティカ』のなかで(Ethik, 2. Buch, Schol, zu Propos, 43)、真理は「それ自身と虚偽との尺度である」norma sui et falsi といっている。

(24) アウグスチヌスの『神の国』、十九巻、二五章、参照。

(25) これは本質的にはストア学派の哲学にあてはまる。プラトンは自殺を神に対する反逆と考えていた(『ファイドン篇』参照)。

(26) ヒュステロン・プロテロンとは、後なるものを先におくこと、すなわち推論の帰結として出てくるべきはずのものを予め前提のなかに持ちこむところの論理的誤謬。ここでは、キリスト教的な考え方をキリスト教以前の異教世界のなかに無分別にもちこむところのいわばアナクロニズムの意。

(27) ゲーテ『ファウスト』第一部、一四七九行。

(28) ここで「閉鎖性」と訳してみた言葉は、デンマーク語では Indelsluttedhed。独訳では、シュレンプァ、ドーレンブルグ、ヒルシュともに Verschlossenheit となっている。ラウリーは introversion(内向性)と英訳している。彼によればデンマーク語の原語を適切に表現する英語はない。そこで彼は最初 close reserve と訳してみたが、この頃は「ほかの人達」にならって introversion という「現代語」を採用することにしたという。

(29) シェクスピヤ『リチャード三世』、第三幕、第四場。ここでは王は母の呪いの言葉を耳にしないように太鼓を磨《す》り打ちさせる。

(30) 創世記、一・一「元始に神天地を創り給えり」

(31) マタイ伝十六・一九「われ天国の鍵を汝に与えん、凡《およ》そ汝が地にて縛ぐ所は天にても縛ぎ、地にて解く所は天にても解くなり」

(32) コリント前書、九・二六「斯《か》く我が走るは目標なきが如きにあらず、我が拳闘するは空を撃つが如きにあらず」

(33) アタラクシアとは、何ものによってもかき乱されることのない魂の無感動性、内的平静の意。

(34) キェルケゴールがしばしば自分のうちなる「肉体の刺」について語ったことは周知のことである。彼のいう「肉体の刺」とは、彼が「せむし」であったことと何か関係がありはせぬかといったような研究も近頃見られる。

(35) デモーニッシュ(悪魔的)という言葉は、ギリシア語のダイモニオスに由来する。ダイモニオスとはただ「超人間的」というくらいの意味で、本来は別に好い意味も悪い意味(いわゆる悪魔というような）もない。

（36）タンタロスはゼウスとニンフとの間の息子。神々の秘密をもらしたために父の怒りにふれて下界の湖中につながれ、顎《あご》まで水に漬りながら渇して飲もうとすれば水は退き、頭上に垂れている美果に手をのばせば果物もまた退いて食することができず、焦躁の苦しみをなめさせられたという。

（37）キェルケゴールは自分を人生の例外者として、いわば神の手になる「書き損ない」として意識しておった。

（38）ここで比較的古い時代の教義学というのは、ルッターを中心とする宗教改革者達の教義学をさす。

（39）エペソ書、二・一二「……世に在りて希望なく、神なき者なりき」

（40）ペラギウスを代表者とするペラギウス派は紀元五世紀のいわゆる異端派で、人間理性と自由意志の意味を強調して、原罪説を否認した。

（41）コリント前書二・九「録して、『神のおのれを愛する者のために備え給いし事は、眼未だ見ず、耳未だ聞かず、人の心未だ思わざりし所なり』と有るが如し」

（42）ルカ伝、十八・三二「人の子は異邦人に付され、嘲笑せられ、辱しめられ、唾せられん」

（43）ヘーゲル哲学体系のこと。

（44）マタイ伝、八・一三「イエス百卒長に『ゆけ、汝の信ずる如く汝になれ』と言い給えば、このとき僕《しもべ》いえたり」
(45) cito citissime は、「速やかに、あまりにも速やかに」の意。
(46) Negation を「消極性」、Position を「積極性」と訳してみた。直訳すれば「否定」・「肯定」となるわけだが、ここで主張されていることは、罪は単に光や善の欠除といったふうな否定的、消極的なものではなしに(そう考えるとここでいう汎神論となる)、個体の自由な行為によってそこに「措かれた」posited ものである(こう考えることによって始めて神に対する反逆としての罪の観念が明らかになる)ということなので、一応「消極性」・「積極性」と訳してみたのである。だから「積極性」といっても、内容的には、能動的な否定作用の謂《い》いである。それに対して「消極性」は、欠除ないしマイナスを意味する。
(47) 詩篇第百十一篇、十「エホバを畏《おそ》るるは智慧の始めなり」
(48) プラトン『ソクラテスの弁明』参照。
(49) ミカ書、七・一九「……我らの諸々の罪を海の底に投げ沈め給わん」
(50) ヨハネ黙示録、三・一六「かく熱きにもあらず、冷かにもあらず、ただ微温《ぬる》きが故に、我汝を我が口より吐き出さん」
(51) ラウリーはここを「キリスト教という名前の濫用である」と訳して、一八五四年のキェルケゴールの日記のなかから次の一文を註釈のなかに引用している。「アメリカがコロンブスの名によって呼ばれなかったことは確かにコロンブスに対する不正であった。しかしまたキリスト教がキリストの名をとって名づけられたことも、キリストに対する遥かそれ以上の不正である。」

(52) クリマックスとは元来階段ないし梯子を意味する。修辞学では、漸層法(漸次に力強い文句を重ねて文勢を高めて行く法)をクリマックス(いわゆるクライマックス)と呼ぶ。アンティクリマックスはその逆の文勢漸落法である。ここでは、一切の悟性を超え出ているものを、もしも三つの理由によって証明しようとすれば、もともとそれは証明不可能のもの故、その三つの理由の証明力は漸次その力を失ってゆくであろうことにひっかけて、この言葉をもちだしているのである。

(53) ロマ書、一四・二三。

(54) 『ファウスト』第一部、三二一六行。

(55) 原文には「第二幕、第二場」とあるが、「第三場」の間違い。

(56) **comminus** と **eminus** は共にローマ時代の軍隊用語。前者は「近くから」(手がふれあう程度の)、後者は「遠くから」(飛道具が使える程度の)の意。

(57) マルコ伝、二・七「この人なんぞ斯くいうか、これは神を瀆すなり、神ひとりの外は誰か罪を赦すことを得べき」

(58) 神と人間との質的相違を思弁的に止揚した立場としてヘーゲル哲学が考えられていることはいうまでもないが、それの「大衆的」止揚の立場として、唯物論的汎神論の立場にそう遠くないところのフォイエルバッハの人間学的哲学の立場がここで念頭におかれている、とヒルシュは註釈している。

(59) コリント前書、十四・三三「それ神は乱の神にあらず、平和の神なり」

(60) 本書が書かれた一八四八年にデンマークでは人民は専制君主から立憲制をかちとった。

(61) e concessis とは、認容されたことをもとにして論議を展開すること。

(62) プラトン『ソクラテスの弁明』参照。

(63) マタイ伝、十一・二八「凡《すべ》て労する者、重荷を負う者、我に来れ、我汝らを休ません」

(64) マタイ伝、十一・六「凡《お》よそ我に躓かぬ者は幸福なり」

(65) プルタークの『モラリヤ』に出てくる言葉。

(66) コリント前書、十一・二八「人自ら省みて後、そのパンを食し、その酒杯を飲むべし」

(67) modo ponendo は、「積極的な仕方で」の意。

(68) ハイネの詩「帰郷」のなかに「退屈はおれを苦しめる」云々と神をして語らしめている個所がある。キェルケゴールはハイネの詩を知っていた。

(69) マタイ伝、二二・四二「汝等はキリストについて如何に思うか、誰の子なるか」

(70) ドケティスムス(キリスト仮現説)は、キリスト論における異端的見解の一つで、人間としての肉体を有するキリストは天上の霊的実在者としてのキリストの幻影にすぎず、したがってその肉体は単に仮現的(ドケーン――「しか見ゆる」の意)なものなりとする立場。

(71) マタイ伝、九・三四「彼は悪鬼によりて悪鬼を逐い出すなり」

解　説

この訳書が今から十七年前に岩波文庫の一冊として公けにされた頃には、キェルケゴールという名前はわが国の一般の人達の間にはほとんど知られていなかったが、この頃では実存主義の哲学の先駆者としてのこの北欧の憂愁の哲人の名前はほとんど人口に膾《かい》炙《しゃ》しているといってもいい。実存主義とマルクス主義とが現代の二大思潮であるといわれるにつけても、キェルケゴールへの関心は世界を通じてマルクスへのそれに迫っているともいえる。彼はたまたまマルクスと時代を同じうしていたが、マルクスが一八四八年に『共産党宣言』を書いていたとき、その前後にキェルケゴールが書いていた諸著は「宗教宣言」ともいわるべきものであった、という学者もいる。二人の辿った道はいわば全く異質的なものであったが、両者ともに人間の「自己疎外」の問題に深く思いをひそめたという点では相通ずる所があるということは、近時学者達によってしばしば指摘されている。ただそれを問題にした次元が異なっているので、マルクスが現実の社会の矛盾への鋭い洞察に即して人間の自己疎外すなわち自己分裂を問題にしたのに対して、キェルケゴールはほかならぬ彼自身の内面にひそむ深刻な矛盾への自己分析に即して、いわばおのが傷口を眼として、不安と絶望に悩む近代的人間の姿を赤裸々に暴露したのである。本書すなわち『死に至る病』においては、彼の諸著のうちでも最も典型的に彼の絶望論が展開されている。既にわが国においても彼の生涯と思想に関する幾多の研究書が公刊されているのであるから、ここでは彼の人となりと思想のごく根本的な特徴だけを指摘するにとどめておこう。

その前にまずキェルケゴールという名前であるが、これはデンマークでもきわめて珍しい名前らしい。もともとこれは渾名《あだな》なのである。彼の先祖は寒風吹き荒《すさ》ぶ西ユトランド半島の荒野のなかのセディングという貧しい部落の貧しい百姓であった。ここにも教会はあったが、牧師は常住せず、彼の先祖は教会の屋敷のなかの牧師館を借りて住んでいたので、キルケゴールと呼ばれるようになったという。デンマーク語の **Kirke** はドイツ語の **Kirche** ないし英語の **church** に、**Gaard** はドイツ語の **Garten** ないし英語の **garden** にあたる。だからキルケゴールといえば「教会の庭」ないし「寺屋敷」(これは時には「墓場」をも意味する)の謂《い》いであり、寺屋敷に住んでいる一家のことを部落の人達がキルケゴールと呼びならわしていたのが、そのまま家名となったのである。後にキェルケゴールの父が、セディングから首都コペンハーゲンに移るに及んで、寺屋敷《キルケゴール》という普通名詞そのままではいささか気になったのであろう、Kirkegaard のなかに無意味な e の一字を挿入して、キェルケゴールという固有名詞に転化させたという。

セーレン・キェルケゴール Sören Kierkegaard は一八一三年にデンマークの首都コペンハーゲンの、目抜通りの公会堂の並びの大邸宅に誕生した。セディングの貧しい百姓の息子だった彼の父は少年の頃首都に移って叔父の商売の後を継ぎ、一代で相当の富を蓄積したのである。彼の誕生の年は、「数多くのインフレ紙幣が流通し出した年であった」、と彼は後年いささか皮肉げに回顧している。彼の祖国はナポレオンの同盟国として六年の長きにわたって英国との絶望的な戦いを戦っていたのであるが、それによる経済的破綻のためにほぼこの年を境として、デンマークはその史上かつて見ない困窮の時代にはいりこんでゆくことになるのである。ところが彼は一八五五年に四十二歳で死ぬのであるが、それはまた祖国の困窮時代が漸くその終りに近づき、この年を前後にして国内に政治的・経済的改革が相継ぎ、彼の祖国が新興デンマークとしての輝かしいスタートを切るほぼその年にあたるのである。考えようによっては、彼はいかにも絶望論の哲人にふさわしいちょうどその時代を祖国の歴史のなかで生きたともいわれうるであろう。

彼の生涯は内面的には複雑多岐をきわめていたが、外から見れば割に単調である。裕福な家に生れ、父の息苦しいまでに厳粛なキリスト教的雰囲気のなかに少年時代をすごしたが、大学入学とともにその雰囲気から解放されていささか反動的にいわゆる「美的生活」に憧れ、文学・音楽・オペラ等に親しむことになる。「女の恥ずべき行為に対して金を与える」ところの「奇妙な」場所にも、一度位は出かけたことがあるらしい。二十四の年にレギーネという女性に出会って恋し、既に婚約者のあった彼女の心を捉えることに成功して二十七歳で彼女と婚約するのだが、翌年理由不明のままその婚約を破棄し、その後一生を独身ですごしている。彼は父の希望に添うて大学では神学を専攻したが、真実のキリスト者として生きることがまた彼の生涯の念願でもあった。牧師になりたい希望も抱いておりながら、三十の年に『これか=あれか』をもってデンマークの思想界にデビューして以来、矢継早に多くの著書を公けにすることになり、結果において彼の生涯は定職のない著述家のそれであった。晩年にキリスト受難の意義を強調して立上り、世間との安易な妥協のうちに生きているキリスト教会の攻撃に移ったが、教会との戦いのさなかに四十二歳で街頭に倒れ、病院にかつぎこまれてまもなく死んでいる。

祖国の困窮にもかかわらず彼は父の遺産のおかげで生涯経済的には割合に楽な生活であったが、街頭に倒れたときは遺産はきれいに使い果されていたという。四度ばかりベルリンに旅したほかはほとんどコペンハーゲンを離れることもなかった。こと魂の問題に関してはあれほど情熱的・革新的であったにもかかわらず、政治にはあまり関心をもたず、その立場も保守的で、専制君主の知遇もあったらしい。

「人もし全世界をうとも、おのが魂を失わば如何にせんや」というイエスの言葉がある。キェルケゴールの全生涯は、イエスのこの言葉の十九世紀版とでもいおうか、ただひとえに彼自身の魂の問題をめぐっての苦闘の歴史であった。彼自身、彼という一個のこの小さな人間、かけがえのないこの単独者、これだけが彼にとっての最大の問題だったのである。彼は特にヘーゲル哲学から強い影響をうけ、同時にまたそれの徹底した批判者として立上ったのであるが、彼にとっては全宇宙を包みこむヘーゲルの哲学体系や世界史に関するその壮大な歴史哲学的展望などは、自分というこのかけがえのない単独者の最も切実な魂の問題をおき忘れたそらごととしか思われなかったのである。彼は既に二十二歳の時の日記のなかに、「根本的なことは、私にとって真理であるような真理を見出すことである、そのためになら私がいつでも生きかつ死ぬことができるようなその理念を見出すことである。いわゆる客観的な真理などを発見したところで、それが私にとって何の役にたつというのだろうか」と書き記している。ここに既に彼の後年の「主体性こそ真理である」という立場が先取されているわけであるが、われわれがここで特に注意せねばならぬことは、彼の場合、彼がこのように熱烈にひたすら彼自身を、彼自身の主体性を問題にせざるをえなかったということの底には、実は彼自身の深刻な例外者意識がひそんでいたという点である。

例外者 Ausnahme という言葉はキェルケゴール並にニイチェによって語り出され、今日の実存哲学において重要な意味をもつ概念となっているのであるが、これはわかり易くいえば、例えば十人の人間が手をとりあって踊り戯れているときに、その群からはずれて一人木の根にたたずんでいる十一人目の人間がいるとすれば、それが例外者である。ひとびとが普通にそのなかで生きている普遍的な場面、普遍的に人間的な場面の外に投げ出されて、ひとり孤独の生涯を辿るべく運命づけられているような人間が例外者である。キェルケゴールは少年の頃から自分は「ほかの人達」のようでないという自意識に悩まされていた。「ほかの人達のようでないということのために私はどれほど苦しんだことか、——もしもあの頃、ほんのちょっとの間でも、ほかの人達のようになれたとしたら、私は何でも与えたであろう」、と彼は後年に書いている。彼には何か肉体上に欠陥があったらしい。少年の頃から彼の知性は群を抜いて卓越していたが、肉体はまた並はずれて弱かった。精神と肉体との間に顕著な不均衡が存していたのである。彼はしばしば彼のうちなる「肉体の刺」について語っている。それが何であるかについては彼は心して明言を避けているのであるが、最近の研究の結果は彼が「せむし」であったことが確認されてきている。もともと「肉体の刺」という言葉は使徒パウロに由来するのであるが、そのパウロもまた伝説によればせむしで醜貌の人だったという。

背中にほかの人達のもたない装飾を抱いているということは、それだけでもひとをして例外者的自意識に追いやるに充分であったであろう。加うるに彼の家系には憂鬱症の血統ともいうべきものが流れていたように思われる。彼は彼の父について「あれほど憂鬱な人には未だかつて会ったことがない」と語っている。その父は時あって少年キェルケゴールの前に立ちとどまり、しげしげと子の顔を打ち眺めて、「可愛そうな子よ、お前はやがて静かな絶望のなかに陥るであろう」、と語ったという。キェルケゴールは七人兄弟であったが、そのうち五人は早世し、一人長寿を保った彼の長兄は、晩年精神病的傾向のために司教の職を辞すべく余儀なくされている。その息子すなわちキェルケゴールの甥は、長じて精神病院に入院し、病院のなかで「私の叔父は(これか=あれか)、私の父は(これも=あれも)、そして私は(これでもなし=あれでもなし)だ」、とユーモアをとばしていたという。そのほかにも彼の甥達のなかには精神病的傾向の顕著だったものや、また自殺を遂げた人もいるという。彼は『恐怖と戦慄』のなかで、「狂気の要素のない偉大な天才は未だかつて存在したことなかった」というアリストテレスの言葉を引用して、狂気と天才との必然的な聯関《れんかん》に触れ、天才が神の賜物だとすれば狂気はそれに添えられた神の嫉妬だと語っているが、これは決してよそごとではなかったのである。

人並優れた知性に恵まれながら、それを包む肉体は畸形に近く、加うるに憂愁の血が家系的に流れていたとしたら、キェルケゴールが彼自身の存在を深刻に疑問符として受取り、普遍の外に投げ出されている例外者としてのおのが存在の存在理由を声高く神に向って問うたとしても、これはまた当然のことであろう。まるで手探りでもするような、実験的《エクスペリメンティーレンド》な余りに実験的な彼の実存と思索はここから生れるのである。大いなる疑問符として自己を意識する彼の手探りするような例外者的実存のあり方を、最も端的にまた象徴的に表現しているものは、思うにレギーネに対する彼の不幸なる愛の出来事であろう。彼はなぜ愛する人から遠ざからなければならなかったのであろうか。婚約を破棄したその日から、自分の枕は夜毎涙にぬれたという彼の言葉に偽わりはなかろう。彼に対するレギーネの愛情もまた切実・真剣なものであった。彼女は女性としての矜持《きんじ》をもかなぐりすてほとんど気も狂わんばかりになって、婚約破棄を思い止まるようにと彼の足許に泣き伏したのである。一体彼は何の故にそれほどまでに思いあっていた人との結婚を自分に許すことができなかったのであろうか。いなそれよりも、むしろそれくらいならば一体彼は何のためにそもそもの始めにわざわざ彼女に近づいてゆくことをあえてしたのであるか。研究者達の必死の穿さくにもかかわらずこの間の事情は今もって深い謎のなかに包まれているのではあるが、立入った具体的な事情はともかくとして、その底に、普遍的なるものの外に投げ出されている例外者的存在の立場からする普遍的に人間的な統一の場面への血みどろな手探りがひそんでいたと見ることは、多分は許されうることなのではなかろうか。その外に投げ出されているにつけても例外者的存在の立場からの普遍的人間性の場面への郷愁は切実ならざるをえないであろうが、しかし与えられた普遍的人間性の場面のうちに自分の究極的な拠《よ》り所と統一とを見出しうるためには例外者的存在の内面的な分裂は既にあまりにも深刻すぎるのである。例外者の立場は、与えられた有的普遍のあらゆる形態の外に投げ出されているところの、ないしはそれを突き抜けて出るところのいわば支え所のない虚無的実存の立場である。そこでは与えられた有的統一のことごとくが破れ果てて、その統一を構成していた弁証法的な諸契機が相反する両極へと分裂し、虚無的実存の主体はこれら相反する両極の間をあたかもレトーのように一極から他極へと果しなく流転せしめられるのである。これがヘーゲルのいう「不幸なる意識」の立場である。或いはそれの更につきつめられたものとしての、キェルケゴールのいう「最も不幸なるもの」の脱自的無現在性の立場である。いな、本書にいわゆる死に至る病としての絶望の立場である。そしてこれがすなわちその生涯を貫ぬいてキェルケゴールが身をもって生き抜かざるをえなかったところの彼自身の主体的・運命的な立場にほかならなかったのである。このような立場を生き抜かざるをえないところの例外者的実存の主体は、究極的・絶対的な統一の場面を求めて、与えられる有的普遍の立場ないしはロゴス的普遍の立場をどこまでも突き抜けて、深まらざるをえない。キェルケゴールの場合、救いは、ギリシア人の智慧やヘーゲル的思弁哲学の体系を破り超えたところのキリスト教的信仰の超ロゴス的な逆説のうちに求められたのである。

キェルケゴールが、その研究者達によって時あってダンテの『神曲』になぞらえられ、『神曲』地獄篇の十九世紀的な心理学化ともいわれる絶望論の書『死に至る病』を、アンティ＝クリマックスの名において公けにしたのは一八四九年七月のことであった。それまでに既に彼はその出世作『これか＝あれか』以来、『恐怖と戦慄』、『反覆』、『人生行路の諸段階』、『不安の概念』、『哲学的断片』及びその『後書』等を矢継早に公けにしている。『死に至る病』の構想が始めて彼の念頭に浮んだのは、一八四八年二月ないし三月のことと思われる。その頃の日記に彼はこう書いている、——「新しい書物を書こうと思う、その標題は、——根本治療を齎らす思想、キリスト教的薬剤。ここでは贖罪の教理が取扱われるはずである。最初にまず一体いかなる点に病が、罪が、存するかが示されなければならない。そこでそれは二部からなる。第一部（罪の意識について）、——死に至る病、——キリスト教的談話。第二部、——根本治療、——キリスト教的薬剤、——贖罪」。これでみるとこのプランの第一部にあたる部分だけが独立して本書となったわけである。このプランの第二部にあたる部分は『キリスト教への実践的入門』**Einübung im Christentum** なる標題で、同じくアンティ＝クリマックスの名でその翌年に公けにされている。ここで注意されねばならないことは、死に至る病としての絶望は、彼のもとのプランでは、そして彼の実存的思索の根本においては、どこまでも救済との根源的な聯関において捉えられているという点である。絶望は、彼によれば、まことに弁証法的なものである。それは一面において死に至る病であるとともに、他面それはそれを通じてのみ人間が真の救済に到達しうる所以《ゆえん》のものでもあるのだ。ただ本書においては、「序」でもはっきり断わられているように、絶望はどこまでも「病」としてとりあげられているのであって、「薬」として理解されているのではない。なおここで一言老婆心ながら附け加えておきたいことは、死に至る病というとややもするといわゆる死病すなわちそれで死んでしまう病気のように解されがちであるけれども、実は決してそういう意味のものではないということである。少しく逆説的にいえば、死に至る病というのは、それでは決して死ねない病、死ぬに死ねない病の謂《い》いなのである。絶望とはちょうどそのようなものである。死んでないしは自殺して墓場に安住できるというようなのであれば、キェルケゴールにいわせれば、それは未だ絶望の極致とはいいえない。死ぬに死ねないということ、たえず死に面し死に至りながら死ぬこともできないということ、いな永遠に死を死ななければならないということ、これが絶望者のないしは最も不幸なるものの真実の姿なのである。最も不幸なるものの墓は空であろう、と彼はいっている。

今回の改訳について一言さして頂きたい。この文庫で二十二版を重ねるに至った私の従来の訳は、専らシュレンプフの独訳(„Die Krankheit zum Tode", übersetzt von H. Gottsched und Chr. Schrempf, verlegt bei Eugen Diedrichs in Jena, 1924; Gesammelte Werke Bd. 8.)に拠ったものであった。シュレンプフの独訳にはこの頃の文献学的により精密な翻訳などにはかえって望まれないような一種独特の風格があって、いまなお愛読者を有しているようであるし、ヤスパースやハイデッガーがキェルケゴールの思索の世界に導かれたのもこの独訳を通じてであったということも記憶せられねばなるまいが、しかしその後急速な躍進を見た今日のキェルケゴール研究の文献学的水準からすれば、それは何といっても相当に不完全なものであることは否定できない。そこで今回は、Emanuel Hirsch の独訳(一九五四年)、Thyra Dohrenburg の独訳(一九四九年)、Walter Lowrie の英訳(一九四一年)、Knud Ferlov と Jean-J. Gateau の共訳になる仏訳(一九三一年)を参照して、従来の私の訳にかなり徹底的に手を加えることになった。青年の日の自分の仕事はやはり可愛いいもので、最初は旧訳の調子をなるべく損しないようにとも思い、シュレンプッフ訳に一番近いドーレンブルグ訳を主に参照して改訳を進めるつもりだったのだが、いざとりかかってみると結局文献学的に現在最高水準にあると思われるヒルシュ訳に一字一句ひきずられることになった。その結果は予想外に手のこんだ改訳になってしまい、或いは面目を一新したといえるのかもしれぬが、私としてはありし日の懐かしい面影が文献学というややこしい皺《しわ》だらけの手で汚されはしなかったかという危惧の念も抑ええない。もっともあまりに厳密に原文を追いすぎているヒルシュ訳はとかくそれだけでは意味の通じ難い個所も多かったので、そういう場合はシュレンプッフ訳の大胆な表現と解説的な言葉をなるべく生かしておくように努めた(そういう解説的言葉は、若干の私自身のそれをも含めて、〔 〕で区別してある)。なお巻末に簡単な訳註を新たに附したが、これはヒルシュ、ドーレンブルグ、ラウリーの訳註を適宜勘案し、それにほんの少し私の蛇足をも加えて、出来上ったものである。

最後に巻頭の肖像画について一言さして頂くが、従来の訳の再版以降に巻頭を飾っていた肖像画は実は無教会主義の塚本虎二先生から頂戴したものであった。私がキェルケゴールの名を始めて耳にしたのは、昭和三年、柏木の内村鑑三先生の聖書研究会の席上、その頃その前座を勤めておられた塚本先生の御話からだったので、そのことを想い出してこの訳書の初版を未知の先生に突然お送りしたところが、折返し先生から、この肖像画は友人に頼んでヨーロッパから取寄せたものだが、どうも君が持っている方が好さそうだ、という思いもかけぬ御言葉で有難く頂戴したものである。ところが甚だ申訳ないことに、その肖像画は戦災で焼失してしまい、二十二版まで複写に複写を重ねてはきたがもうだいぶ薄れてきたので、改訳には何か別のものをと思い、最近キェルケゴールの遺跡を訪ねてこられた石津照璽博士にお願いして、お土産の肖像画を一通り見せて頂き、結局“Kierkegaard the Cripple, by Theodor Haecker, translated by C. Van O. Bruyn, 1948.”のなかに収められている数多くの肖像画のなかから一枚選び出してきたのが、現在巻頭のものである。これは二十九歳のキェルケゴールであるが、多分実際よりは余程美男子に描かれているかと思う。一体に彼の肖像画にはこのようにいわば理想化されたものと、ひどく醜悪化されたものとの二種類存するのだが、これは彼が彼に接する人達に好悪両極端の印象を与えがちだったことによるものだという。われわれとしては理想化された方をとりあげざるをえなかったわけである。

いま十七年前の訳稿がもう一度新しい形で世に送り出されるにあたり、私は当時の東北大学時代の恩師高橋穣先生に対する感謝の念を今更のように新たにせざるをえない。

キェルケゴール翻訳の仕事を私に示唆して下さったのは先生であり、それによって出来上った『死に至る病』の最初の訳稿は先生によって丹念に吟味せられ、かつは岩波文庫の一冊として陽の目を見るようにお世話頂いたのであった。なお今回の改訳に際しては文献・肖像画その他何くれとなく石津照璽博士の御配慮に預かったことも、記して厚く感謝の意を表さして頂きたい。

昭和三十二年五月七日

斎藤信治

〔**編集付記**〕

本書中に差別的な表現とされるような語が用いられているところが若干あるが、訳者が故人であることも鑑みて、改めるようなことはしなかった。

死《し》に至《いた》る病《やまい》　キェルケゴール著

1939年11月29日　第1刷発行
1957年6月5日　第23刷改版発行
2010年4月21日　第98刷改版発行
2025年6月16日　第118刷発行

訳　者　斎藤信治《さいとうしんじ》

発行者　坂本政謙

発行所　株式会社　岩波書店
〒101-8002 東京都千代田区一ツ橋2-5-5
案内 03-5210-4000　営業部 03-5210-4111
文庫編集部 03-5210-4051
https://www.iwanami.co.jp/

印刷 製本・法令印刷　カバー・精興社

ISBN978-4-00-336353-9　Printed in Japan

読書子に寄す

──岩波文庫発刊に際して──

岩波茂雄

　真理は万人によって求められることを自ら欲し、芸術は万人によって愛されることを自ら望む。かつては民を愚昧ならしめるために学芸が最も狭き堂宇に閉鎖されたことがあった。今や知識と美とを特権階級の独占より奪い返すことはつねに進取的なる民衆の切実なる要求である。岩波文庫はこの要求に応じそれに励まされて生まれた。それは生命ある不朽の書を少数者の書斎と研究室とより解放して街頭にくまなく立たしめ民衆に伍せしめるであろう。近時大量生産予約出版の流行を見る。その広告宣伝の狂態はしばらくおくも、後代にのこすと誇称する全集がその編集に万全の用意をなしたるか。千古の典籍の翻訳企図に敬虔の態度を欠かざりしか。さらに分売を許さず読者を繋縛して数十冊を強うるがごとき、はたしてその揚言する学芸解放のゆえんなりや。吾人は天下の名士の声に和してこれを推挙するに躊躇するものである。このときにあたって、岩波書店は自己の責務のいよいよ重大なるを思い、従来の方針の徹底を期するため、すでに十数年以前より志して来た計画を慎重審議この際断然実行することにした。吾人は範をかのレクラム文庫にとり、古今東西にわたって文芸・哲学・社会科学・自然科学等種類のいかんを問わず、いやしくも万人の必読すべき真に古典的価値ある書をきわめて簡易なる形式において逐次刊行し、あらゆる人間に須要なる生活向上の資料、生活批判の原理を提供せんと欲する。この文庫は予約出版の方法を排したるがゆえに、読者は自己の欲する時に自己の欲する書物を各個に自由に選択することができる。携帯に便にして価格の低きを最主とするがゆえに、外観を顧みざるも内容に至っては厳選最も力を尽くし、従来の岩波出版物の特色をますます発揮せしめようとする。この計画たるや世間の一時の投機的なるものと異なり、永遠の事業として吾人は微力を傾倒し、あらゆる犠牲を忍んで今後永久に継続発展せしめ、もって文庫の使命を遺憾なく果たさしめることを期する。芸術を愛し知識を求むる士の自ら進んでこの挙に参加し、希望と忠言とを寄せられることは吾人の熱望するところである。その性質上経済的には最も困難多きこの事業にあえて当たらんとする吾人の志を諒として、その達成のため世の読書子とのうるわしき共同を期待する。

昭和二年七月

《哲学・教育・宗教》〔青〕

- ソクラテスの弁明・クリトン　プラトン　久保勉訳
- ゴルギアス　プラトン　加来彰俊訳
- 饗宴　プラトン　久保勉訳
- テアイテトス　プラトン　田中美知太郎訳
- パイドロス　プラトン　藤沢令夫訳
- メノン　プラトン　藤沢令夫訳
- 国家　全二冊　プラトン　藤沢令夫訳
- プロタゴラス　―ソフィストたち　プラトン　藤沢令夫訳
- パイドン　―魂の不死について　プラトン　岩田靖夫訳
- アナバシス　―敵中横断六〇〇〇キロ　クセノポン　松平千秋訳
- アリストテレス　ニコマコス倫理学　全二冊　高田三郎訳
- アリストテレス　形而上学　全二冊　出隆訳
- アリストテレス　弁論術　戸塚七郎訳
- アリストテレース　詩学／ホラーティウス　詩論　松本仁助・岡道男訳
- 物の本質について　ルクレーティウス　樋口勝彦訳
- エピクロス　―教説と手紙　出隆・岩崎允胤訳

- 生の短さについて　他二篇　セネカ　大西英文訳
- 怒りについて　他二篇　セネカ　兼利琢也訳
- エピクテトス　人生談義　全二冊　國方栄二訳
- 人さまざま　テオプラストス　森進一訳
- マルクス・アウレーリウス　自省録　神谷美恵子訳
- 老年について　キケロー　中務哲郎訳
- 友情について　キケロー　中務哲郎訳
- 弁論家について　全二冊　キケロー　大西英文訳
- 平和の訴え　エラスムス　箕輪三郎訳
- エラスムス＝トマス・モア往復書簡　沓掛良彦・高田康成訳
- 方法序説　デカルト　谷川多佳子訳
- 哲学原理　デカルト　桂寿一訳
- 精神指導の規則　デカルト　野田又夫訳
- 情念論　デカルト　谷川多佳子訳
- パンセ　全三冊　パスカル　塩川徹也訳
- パスカル　小品と手紙　塩川徹也・望月ゆか訳
- スピノザ　神学・政治論　全二冊　畠中尚志訳

- 知性改善論　スピノザ　畠中尚志訳
- スピノザ　エチカ（倫理学）　全二冊　畠中尚志訳
- スピノザ　国家論　畠中尚志訳
- スピノザ往復書簡集　畠中尚志訳
- デカルトの哲学原理　―附 形而上学的思想　スピノザ　畠中尚志訳
- スピノザ　神・人間及び人間の幸福に関する短論文　畠中尚志訳
- モナドロジー　他二篇　ライプニッツ　谷川多佳子・岡部英男訳
- ノヴム・オルガヌム（新機関）　ベーコン　桂寿一訳
- 市民の国について　全二冊　ヒューム　小松茂夫訳
- 自然宗教をめぐる対話　ヒューム　犬塚元訳
- 君主の統治について　―謹んでキプロス王に捧げる　トマス・アクィナス　柴田平三郎訳
- 精選　神学大全　全四冊　トマス・アクィナス　稲垣良典・山本芳久編／訳
- エミール　全三冊　ルソー　今野一雄訳
- 人間不平等起原論　ルソー　本田喜代治・平岡昇訳
- ルソー　社会契約論　桑原武夫・前川貞次郎訳
- 言語起源論　―旋律と音楽的模倣について　ルソー　増田真訳
- ディドロ　絵画について　佐々木健一訳

純粋理性批判 全三冊　カント　篠田英雄訳
カント 実践理性批判　波多野精一・宮本和吉・篠田英雄訳
判断力批判 全二冊　カント　篠田英雄訳
永遠平和のために　カント　宇都宮芳明訳
プロレゴメナ　カント　篠田英雄訳
人倫の形而上学 全二冊　カント　熊野純彦・宮村悠介訳
シュライエルマッハー 独白　木場深定訳
ヘーゲル 政治論文集 全二冊　金子武蔵訳
哲学史序論 ―哲学と哲学史　ヘーゲル　武市健人訳
歴史哲学講義 全二冊　ヘーゲル　長谷川宏訳
法の哲学 ―自然法と国家学の要綱　ヘーゲル　上妻精・佐藤康邦・山田忠彰訳
学問論　シェリング　西川富雄・藤田正勝監訳
自殺について 他四篇　ショウペンハウエル　斎藤信治訳
読書について 他二篇　ショウペンハウエル　斎藤忍随訳
知性について 他四篇　ショーペンハウエル　細谷貞雄訳
不安の概念　キェルケゴール　斎藤信治訳
死に至る病　キェルケゴール　斎藤信治訳

体験と創作 全二冊　ディルタイ　柴田治三郎・小牧健夫訳
眠られぬ夜のために 全二冊　ヒルティ　草間平作・大和邦太郎訳
幸福論 全三冊　ヒルティ　草間平作・大和邦太郎訳
悲劇の誕生　ニーチェ　秋山英夫訳
ツァラトゥストラはこう言った 全二冊　ニーチェ　氷上英廣訳
道徳の系譜　ニーチェ　木場深定訳
善悪の彼岸　ニーチェ　木場深定訳
この人を見よ　ニーチェ　手塚富雄訳
プラグマティズム　W・ジェイムズ　桝田啓三郎訳
宗教的経験の諸相 全二冊　W・ジェイムズ　桝田啓三郎訳
日常生活の精神病理　フロイト　高田珠樹訳
精神分析入門講義 全二冊　フロイト　高田珠樹・新宮一成・須藤訓任・道籏泰三訳
純粋現象学及現象学的哲学考案 全二冊　フッセル　池上鎌三訳
デカルト的省察　フッサール　浜渦辰二訳
愛の断想・日々の断想　ジンメル　清水幾太郎訳
ジンメル宗教論集　深澤英隆編訳
笑い　ベルクソン　林達夫訳

道徳と宗教の二源泉　ベルクソン　平山高次訳
物質と記憶　ベルクソン　熊野純彦訳
時間と自由　ベルクソン　中村文郎訳
ラッセル教育論　安藤貞雄訳
ラッセル幸福論　安藤貞雄訳
存在と時間 全四冊　ハイデガー　熊野純彦訳
学校と社会　デューイ　宮原誠一訳
民主主義と教育 全二冊　デューイ　松野安男訳
我と汝・対話　マルティン・ブーバー　植田重雄訳
アラン 幸福論　神谷幹夫訳
アラン 定義集　神谷幹夫訳
天才の心理学　E・クレッチュマー　内村祐之訳
英語発達小史　H・ブラッドリ　寺澤芳雄訳
日本の弓術　オイゲン・ヘリゲル述　柴田治三郎訳
似て非なる友について 他三篇　プルタルコス　柳沼重剛訳
ことばのロマンス ―英語の語源　ウィークリー　寺澤芳雄・出淵博訳
ヴィーコ 学問の方法　上村忠男・佐々木力訳

国家と神話 全二冊　カッシーラー　熊野純彦訳
天才・悪　ブレンターノ　篠田英雄訳
人間の頭脳活動の本質 他一篇　ディーツゲン　小松摂郎訳
反啓蒙思想 他二篇　バーリン　松本礼二編
マキアヴェッリの独創性 他三篇　バーリン　川出良枝編
ロシア・インテリゲンツィヤの誕生 他五篇　バーリン　桑野隆編
論理哲学論考　ウィトゲンシュタイン　野矢茂樹訳
自由と社会的抑圧　シモーヌ・ヴェイユ　冨原眞弓訳
根をもつこと 全二冊　シモーヌ・ヴェイユ　冨原眞弓訳
重力と恩寵　シモーヌ・ヴェイユ　冨原眞弓訳
全体性と無限 全二冊　レヴィナス　熊野純彦訳
啓蒙の弁証法 ―哲学的断想　M・ホルクハイマー　T・W・アドルノ　徳永恂訳
ヘーゲルからニーチェへ ―十九世紀思想における革命的断絶 全二冊　レーヴィット　三島憲一訳
統辞構造論 付『言語理論の論理構造』序論　チョムスキー　福井直樹　辻子美保子訳
統辞理論の諸相 方法論序説　チョムスキー　福井直樹　辻子美保子訳
快楽について　ロレンツォ・ヴァッラ　近藤恒一訳
ニーチェ みずからの時代と闘う者　ルドルフ・シュタイナー　高橋巖訳

フランス革命期の公教育論　コンドルセ他　阪上孝編訳
人間の教育 全二冊　フレーベル　荒井武訳
旧約聖書 創世記　関根正雄訳
旧約聖書 出エジプト記　関根正雄訳
旧約聖書 ヨブ記　関根正雄訳
旧約聖書 詩篇　関根正雄訳
新約聖書 福音書　塚本虎二訳
文語訳 新約聖書 詩篇付
文語訳 旧約聖書 全四冊
キリストにならいて　トマス・ア・ケンピス　大沢章　呉茂一訳
聖アウグスティヌス 告白 全二冊　服部英次郎訳
アウグスティヌス 神の国 全五冊　服部英次郎　藤本雄三訳
新訳 キリスト者の自由・聖書への序言　マルティン・ルター　石原謙訳
キリスト教と世界宗教　シュヴァイツェル　鈴木俊郎訳
カルヴァン小論集　波木居斉二編訳
聖なるもの　オットー　久松英二訳
コーラン 全三冊　井筒俊彦訳

エックハルト説教集　田島照久編訳
ムハンマドのことば ハディース　小杉泰編訳
新約聖書外典 ナグ・ハマディ文書抄　荒井献　大貫隆　小林稔　筒井賢治編訳
後期資本主義における正統化の問題　ハーバーマス　山田正行・金慧訳
シンボルの哲学 ―理性、祭礼、芸術のシンボル試論　S・K・ランガー　塚本明子訳
ジャック・ラカン 精神分析の四基本概念 全二冊　ジャック＝アラン・ミレール編　小出浩之　新宮一成　鈴木國文　小川豊昭訳
精神と自然 生きた世界の認識論　グレゴリー・ベイトソン　佐藤良明訳
精神の生態学へ 全三冊　グレゴリー・ベイトソン　佐藤良明訳
人間の知的能力に関する試論 全二冊　トマス・リード　戸田剛文訳
開かれた社会とその敵 全四冊　カール・ポパー　小河原誠訳

《法律・政治》〔白〕

人権宣言集 — 高木八尺・末延三次・宮沢俊義 編
新版 世界憲法集 第二版 — 高橋和之 編
君主論 — マキアヴェッリ 河島英昭 訳
フィレンツェ史 全二冊 — マキアヴェッリ 齊藤寛海 訳
リヴァイアサン 全四冊 — ホッブズ 水田洋 訳
ビヒモス — ホッブズ 山田園子 訳
法の精神 全三冊 — モンテスキュー 野田良之・稲本洋之助・上原行雄・田中治男・三辺博之・横田地弘 訳
完訳 統治二論 — ジョン・ロック 加藤節 訳
寛容についての手紙 — ジョン・ロック 加藤節・李静和 訳
キリスト教の合理性 — ジョン・ロック 加藤節 訳
ルソー 社会契約論 — 桑原武夫・前川貞次郎 訳
フランス二月革命の日々 —トクヴィル回想録 — トクヴィル 喜安朗 訳
アメリカのデモクラシー 全四冊 — トクヴィル 松本礼二 訳
リンカーン演説集 — 高木八尺・斎藤光 訳
権利のための闘争 — イェーリング 村上淳一 訳
近代人の自由と古代人の自由・征服の精神と簒奪 他一篇 — コンスタン 堤林剣・堤林恵 訳
民主主義の本質と価値 他一篇 — ハンス・ケルゼン 長尾龍一・植田俊太郎 訳
危機の二十年 —理想と現実 — E・H・カー 原彬久 訳
ザ・フェデラリスト — A・ハミルトン J・ジェイ J・マディソン 斎藤眞・中野勝郎 訳
アメリカの黒人演説集 —キング・マルコムX・モリスン 他 — 荒このみ 編訳
モーゲンソー 国際政治 —権力と平和 全三冊 — 原彬久 監訳
ポリアーキー — ロバート・A・ダール 高畠通敏・前田脩 訳
現代議会主義の精神史的状況 他一篇 — カール・シュミット 樋口陽一 訳
政治的なものの概念 — カール・シュミット 権左武志 訳
第二次世界大戦外交史 全二冊 — 芦田均
憲法講話 — 美濃部達吉
日本国憲法 — 長谷部恭男 解説
民主体制の崩壊 —危機・崩壊・再均衡 — ファン・リンス 横田正顕 訳
憲法 — 鵜飼信成

《経済・社会》〔白〕

政治算術 — ペティ 大内兵衛・松川七郎 訳
国富論 全四冊 — アダム・スミス 水田洋 監訳 杉山忠平 訳
道徳感情論 全二冊 — アダム・スミス 水田洋 訳
法学講義 — アダム・スミス 水田洋 訳
コモン・センス 他三篇 — トーマス・ペイン 小松春雄 訳
経済学における諸定義 — マルサス 玉野井芳郎 訳
オウエン自叙伝 — ロバアト・オウエン 五島茂 訳
戦争論 全三冊 — クラウゼヴィッツ 篠田英雄 訳
自由論 — J・S・ミル 塩尻公明・木村健康 訳
大学教育について — J・S・ミル 竹内一誠 訳
功利主義 — J・S・ミル 関口正司 訳
ロンバード街 —ロンドンの金融市場 — バジョット 宇野弘蔵 訳
イギリス国制論 全二冊 — バジョット 遠山隆淑 訳
ユダヤ人問題によせて ヘーゲル法哲学批判序説 — マルクス 城塚登 訳
経済学・哲学草稿 — マルクス 城塚登・田中吉六 訳
新編輯版 ドイツ・イデオロギー — マルクス エンゲルス 廣松渉 編訳 小林昌人 補訳
マルクス エンゲルス 共産党宣言 — 大内兵衛・向坂逸郎 訳
賃労働と資本 — マルクス 長谷部文雄 訳
賃銀・価格および利潤 — マルクス 長谷部文雄 訳
マルクス 経済学批判 — 武田隆夫・遠藤湘吉・大内力・加藤俊彦 訳

マルクス 資本論 全九冊　エンゲルス編 向坂逸郎訳
裏切られた革命　トロツキー 藤井一行訳
文学と革命 全二冊　トロツキー 桑野隆訳
ロシア革命史 全五冊　トロツキー 藤井一行訳
トロツキー わが生涯 全二冊　森田成也 志田昇訳
空想より科学へ —社会主義の発展　エンゲルス 大内兵衛訳
イギリスにおける労働者階級の状態 —一九世紀のロンドンとマンチェスター 全二冊　エンゲルス 一條和生 杉山忠平訳
帝国主義　レーニン 宇高基輔訳
国家と革命　レーニン 宇高基輔訳
雇用、利子および貨幣の一般理論 全二冊　ケインズ 間宮陽介訳
シュムペーター 経済発展の理論 全二冊　塩野谷祐一 中山伊知郎 東畑精一訳
シュムペーター 経済学史 —学説ならびに方法の諸段階　中山伊知郎 東畑精一訳
日本資本主義分析　山田盛太郎
恐慌論　宇野弘蔵
経済原論　宇野弘蔵
資本主義と市民社会 他十四篇　大塚久雄 齋藤英里編
共同体の基礎理論 他六篇　大塚久雄 小野塚知二編

言論・出版の自由 —アレオパジティカ 他一篇　ミルトン 原田純訳
ユートピアだより　ウィリアム・モリス 川端康雄訳
有閑階級の理論　ヴェブレン 小原敬士訳
社会科学と社会政策にかかわる認識の「客観性」　マックス・ヴェーバー 富永祐治 立野保男訳 折原浩補訳
プロテスタンティズムの倫理と資本主義の精神　マックス・ヴェーバー 大塚久雄訳
職業としての学問　マックス・ウェーバー 尾高邦雄訳
社会学の根本概念　マックス・ヴェーバー 清水幾太郎訳
職業としての政治　マックス・ヴェーバー 脇圭平訳
古代ユダヤ教 全三冊　マックス・ヴェーバー 内田芳明訳
支配について 全二冊　マックス・ウェーバー 野口雅弘訳
宗教と資本主義の興隆 —歴史的研究 全二冊　トーニー 出口勇蔵・越智武臣訳
世論 全二冊　リップマン 掛川トミ子訳
贈与論 他二篇　マルセル・モース 森山工訳
国民論 他二篇　マルセル・モース 森山工編訳
ヨーロッパの昔話 —その形と本質　マックス・リュティ 小澤俊夫訳
独裁と民主政治の社会的起源 —近代世界形成過程における領主と農民 全二冊　バリントン・ムーア 宮崎隆次 森山茂徳 高橋直樹訳
大衆の反逆　オルテガ・イ・ガセット 佐々木孝訳

シャドウ・ワーク　イリイチ 玉野井芳郎 栗原彬訳

《自然科学》〔青〕

ヒポクラテス医学論集　國方栄二編訳
科学と仮説　ポアンカレ 河野伊三郎訳
ロウソクの科学　ファラデー 竹内敬人訳
種の起原 全二冊　ダーウィン 八杉龍一訳
自然発生説の検討　パストゥール 山口清三郎訳
完訳 ファーブル昆虫記 全十冊　山田吉彦 林達夫訳
科学談義　T・H・ハックスリ 小泉丹訳
メンデル 雑種植物の研究　岩槻邦男 須原準平訳
アインシュタイン 相対性理論　内山龍雄訳・解説
相対論の意味　アインシュタイン 矢野健太郎訳
アインシュタイン 一般相対性理論　小玉英雄編訳・解説
自然美と其驚異　ジョン・ラバック 板倉勝忠訳
ダーウィニズム論集　八杉龍一編訳
近世数学史談　高木貞治
ニールス・ボーア論文集1 因果性と相補性　山本義隆編訳

ニールス・ボーア論文集2 量子力学の誕生　山本義隆編訳

ハッブル 銀河の世界　戎崎俊一訳

パロマーの巨人望遠鏡 全二冊　D・O・ウッドベリー　関正雄・湯澤博・成相恭二訳

生物から見た世界　ユクスキュル・クリサート　日高敏隆・羽田節子訳

ゲーデル 不完全性定理　林晋・八杉満利子訳

日本の酒　坂口謹一郎

生命とは何か —物理的にみた生細胞　シュレーディンガー　岡小天・鎮目恭夫訳

ウィーナー サイバネティックス —動物と機械における制御と通信　池原止戈夫・彌永昌吉・室賀三郎・戸田巌訳

熱輻射論講義　マックス・プランク　西尾成子訳

コレラの感染様式について　ジョン・スノウ　山本太郎訳

20世紀科学論文集 現代宇宙論の誕生　須藤靖編

高峰譲吉文集 いかにして発明国民となるべきか　鈴木淳編

相対性理論の起原 他四篇　廣重徹　西尾成子編

ガリレオ・ガリレイの生涯 他二篇　ヴィンチェンツォ・ヴィヴィアーニ　田中一郎訳

精選 物理の散歩道　ロゲルギスト　松浦壮訳

岩波文庫の最新刊

サン＝テグジュペリ作／野崎 歓訳

夜間飛行・人間の大地

「愛するとは、ともに同じ方向を見つめること」――長距離飛行の先駆者＝作家が、天空と地上での生の意味を問う代表作二作。原文の硬質な輝きを伝える新訳。

〔赤N五一六-二〕 定価一二二一円

久保田淳校注

百人一首

藤原定家撰とされてきた王朝和歌の詞華集《アンソロジー》。代表的な古典文学として愛誦されてきた。近世までの諸注釈に目配りをして、歌の味わいを楽しむ。

〔黄一二七-四〕 定価一七一六円

ショーペンハウアー著／藤野 寛訳

自殺について 他四篇

名著『余録と補遺』から、生と死をめぐる五篇を収録。人生とは欲望が満たされぬ苦しみの連続であるが、自殺は偽りの解決策として斥ける。新訳。

〔青六三二-一〕 定価七七〇円

ゲルツェン著／金子幸彦・長縄光男訳

過去と思索（七）

一八六三年のポーランド蜂起を支持したゲルツェンは、ロシアの世論から孤立し、新聞《コロコル》も終刊、時代の変化を痛感する。

（全七冊完結） 〔青N六一〇-八〕 定価一七一六円

……今月の重版再開……

中勘助作

鳥の物語

〔緑五一-二〕 定価一〇一二円

中勘助作

提婆達多

〔緑五一-五〕 定価八五八円

定価は消費税10％込です　2025.5

岩波文庫の最新刊

宮沢俊義著／長谷部恭男編

八月革命と国民主権主義 他五篇

ポツダム宣言の受諾は、天皇主権から国民主権への革命であった。新憲法制定の正当性を主張した「八月革命」説をめぐる論文集。「国民代表の概念」等も収録。〔青N一二一-二〕 **定価一〇〇一円**

トーマス・マン作／小黒康正訳

トーニオ・クレーガー

芸術への愛と市民的生活との間で葛藤する青年トーニオ。自己探求の旅の途上でかつて憧れた二人の幻影を見た彼は、何を悟るのか。新訳。〔赤四三四-〇〕 **定価六二七円**

行方昭夫編訳

お許しいただければ

—続イギリス・コラム傑作選—

隣人の騒音問題から当時の世界情勢まで、誰にとっても身近な出来事をユーモアたっぷりに語る、ガードナー、ルーカス、リンド、ミルンの名エッセイ。〔赤N二〇一-二〕 **定価九三五円**

ル・クレジオ著／管啓次郎訳

歌の祭り

南北両アメリカ先住民の生活の美しさと秘められた知恵、そして深遠な宇宙観を、みずみずしく硬質な文体で描く、しずかな抒情と宇宙論的ひろがりをたたえた民族誌。〔赤N五〇九-三〕 **定価一一五五円**

……今月の重版再開……

柳田国男著

蝸牛考

定価九三五円 〔青一三八-七〕

高井としを著

わたしの「女工哀史」

定価一〇七八円 〔青N一一六-一〕

定価は消費税10％込です　2025.6